책의 역습

일러두기

1. 본문의 주석은 옮긴이가 표기한 것입니다.

2. 외래어 표기는 국립국어원 외래표기법을 따르되, 관용적인 표기는 그대로 따르기도 했습니다.

책의 역습

우치누마 신타로

idea
ink

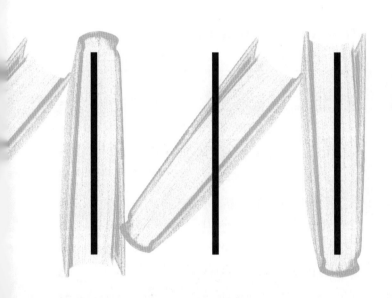

책의 미래는 밝다

haru

차 례

제1장 책과 사람의 만남을 만들자
〔12 — 66〕

제2장 책은 확장하고 있다

〔67 — 98〕

제3장 앞으로의 책을 위한 열 가지 생각

〔99 — 184〕

제4장 책은 앞으로가 재미있다

[185 — 244]

들어가는 말

이것은 책입니다. 게다가 《책의 역습》이라는 제목의 책으로 이것을 손에 든 당신은 아마 책을 많이 생각하고 좋아하는 사람일 것입니다. 저도 정말 책을 좋아합니다.

그런데 수 년간 우리가 아주 좋아하는 책이 상품으로 '팔리지 않는다'라는 말을 계속 들었습니다. '충격'과 '붕괴' 같은 부정적인 말이 눈에 띄는 선동적인 제목으로 '책은 사라진다', '출판문화는 붕괴한다'며 경종을 울리는 책이 몇 권이나 나왔습니다.

저는 대학 졸업 후 10년간 여러 가지 실험을 하면서 책에 관계된 일로 생계를 꾸려왔습니다. 그리고 2012년 7월에 도쿄 시모기타자와 역 앞에 'B&B'라는 신간 서점을 열어서 지금까지 어쨌든 흑자 경영을 하고 있습니다.

　10년 동안 현장에서 경험한 결과 결코 장래는 밝다고 할 수 없다는 것을 알았습니다. 그러나 한편으로, 예를 들면 '식음업계의 미래'와 '음식의 미래', '의류업계의 미래'와 '패션의 미래'가 다르듯 '출판업계의 미래'와 '책의 미래'는 다르다는 생각을 하게 되었습니다. '출판업계의 미래'는 확실히 말해서 어둡지만, 살아남는 방법은 많이 있으며, '책의 미래'에 이르러서는 오히려 밝고 가능성의 바다가 넓어진다고 생각합니다.

　지금 책은 출판업계의 외부에서 넓게 확장해서 주변까지 포함해 여러 가지 일이 일어나고 있습니다. 이것은 지금까지 제각각의 부정적인 언어를 던져왔던 책에 의한, 책을 위한 '역습'은 아닐까 하는 생각에 이런 제목을 붙였습니다.

　그런데 타 업계는 물론, 출판업계 안에서도 '역습'의 전모가 보이는 사람, 혹은 그것을 보려는 사람이 놀라울 정도로 적다고 느낍니다. 앞으로 책의 일을 하려고 한다면 책을 둘러싼 상황이 지금 어떻게 되고 있는가, 사람이 어떻게 책을 만나는가, 사람이 어떻게 책을 즐기고 있는가를 알아야 하지 않을까요. 그리고 그 미래에 대한 생각을 실행에 옮겨야 한다고 생각합니다.

여기에서 생각해야만 하는 것은 서점과 도서관에 진열된 책은 물론, 서점과 도서관 이외의 장소에 진열된 책, 출판유통에서는 취급하지 않는 책, 전자서적(이라고 지금 편의적으로 부르고 있는 것)을 포함한 인터넷의 여러 가지 콘텐츠, 그리고 그런 콘텐츠를 연결하는 여러 서비스, 여러 커뮤니케이션입니다. 책이 만들어진 최초의 순간부터 독자의 손에 도착하여 즐기는 최후의 순간까지 그 사이에 관한 모든 것은 생각의 대상이 됩니다.

이 책은 앞으로 책과 관련된 일을 하려는 분, 그리고 책의 미래가 걱정되는 모든 책을 좋아하는 분을 위한 새로운 입문서로 썼습니다. 책이 어떻게 '역습'을 시작하는지, 평론가와 저널리스트가 아닌 한 명의 플레이어의 시점으로 주로 저의 프로젝트를 통해서 생각한 것을 지면이 허락하는 한 전하고 싶습니다. 가능한 전모를 전달할 수 있도록 앞으로 책의 세계를 걷기 위한 간단한 지도 같은 책이 되기를 바랍니다.

제1장

—

책과 사람의
만남을 만들자

북 코디네이터라는
조금 부끄러운 직함

우치누마 신타로. numabooks 대표. 1980년생. 북 코디네이터, 크리에이티브 디렉터.

제가 프로필 문장을 준비할 때는 대개 이 문구부터 시작합니다. 처음 뵙겠습니다, 안녕하세요. 처음에는 조금 제 이야기를 하려 합니다. 양해 부탁드립니다.

옷가게와 식당, 잡화점과 인테리어 가게, CD 가게 등 다른 업종의 소매점에서 책을 파는 장소를 만드는 것. 숙박 시설 로비와 공동 주택의 공용 공간, 사무실 입구 등에 책이 있는 공간을 만드는 것. 서점과 도서관, 출판사, 책 도매·유통업 중개인(한국에서는 도서 총판), 전자책 관련 기업, 그리고 책을 사용해서 무언가를 시작하려는 개인과 기업의 상담을 들어주고, 과제 해결과 새로운 시험의 실현에 맞는 아이디어를 내거나, 디렉션&프로듀스 합니다. 클라이언트 업무는 물론, 자신도 책과 얽힌 프로젝트를 기획하고 실행하는 것. 그리고 이런 활동을 통해서 책에 관해 생각하는 것을 이야기하고 쓰는 것. 책과 잡지, 웹사이트를 만들기도 하고, 최근에는 실제로 신간 서점까지 경영하기 시작했습니다. 이것들을 모두 포함해서 '북 코디네이터'라는 직함을 만들어 일하고 있습니다.

　북 코디네이터라는 명칭은 도중에 스스로 붙인 것으로 멋대로 이런 이름으로 부르고 다니기 시작했습니다. 처음에는 자주 '책방입니다'라고 자기소개를 했습니다. 그러나 두 번째에는 결국 '어디 책방입니까?', '무슨 책방입니까?'라는 이야기를 들어 설명이 필요해졌습니다. 당시에는 도쿄 센다기의 오라이도 서점이라는 가게에서 아르바이트하고 있었고, 지금은 '시모기타자와에서 B&B라는 서점을 경영하고 있습니다'라고 말할 수 있어서 틀린 것은 아닙니다. 그러나 어느 쪽이든 제 일의 내용을 올바르게 전할 수 없었고, 마치 거짓으로 남을 현혹하는 것처럼 들렸습니다.

서가를 편집하므로 '편집자입니다'라고 자칭하기도 했습니다만, 결국 같습니다. 기존의 명함으로는 설명할 수 없어서 책과 사람의 만남을 만드는, 그 사이에 있는 것을 조화하는 일이므로 북 코디네이터라고 말합니다.

물론 스스로 생각한 영어 직함을 자칭하는 것은 사실 꽤 쑥스럽습니다. 약간 자의식 과잉이랄까, 솔직히 수상하다고 할까, 단적으로 말하면 촌스럽지 않습니까? 때로는 작가라든가 편집자라든가 세상에 인정받는 직함을 가진 사람에게 열등감을 느낀 적도 있었습니다. 하지만 다른 표현은 없습니다. 이미 말하고 다녔기 때문입니다. 얼마쯤 미묘한 기분을 간직한 채 지금은 다시 계속 사용하고 있습니다.

재능이 없음을 깨닫고
뮤지션을 포기하다

때는 1990년대 후반. 저는 고등학생으로 뮤지션이 되고 싶었습니다. 중학교 시절의 친구와 고등학교에 들어가 밴드를 만들었습니다. 지금 되돌아보면 마침 음악 CD가 잘 팔리던 시기가 도래한 시절이었습니다. 그러나 그런 시절이었어도 물론 '돈을 잘 버니 음악을 해야지' 하는 생각은 아니었습니다. '음악으로 먹고살 수 있는 사람은 극히 적다'라는 것을 아는 대단히 평범한 고등학생이었지만, 그래도 음악을 동경하여 뮤지션이 되고 싶었습니다.

　여자 고등학생 붐이 한창이던 시절로 거리를 걸으면 같은 세대 여자아이들은 모두 루즈삭스(1990년대에 유행한 길고 두꺼운 흰 양말)를 신고 있었습니다. 저는 남자 중고등학교에 다니며 음악과 시와 소설만 생각했기에 부모님에게 반항하는 마음으로 음대나 미대에 진학하고 싶었습니다. 그러나 제가 좋아하는 뮤지션들이 반드시 예술계 대학을 나온 것은 아니라는 것을 알고 열심히 공부한 끝에 '밥도 못 벌어 먹고사는 것은 싫다'라는 결론에 이르러 상학·경영학계 학부를 제1지망으로 정했습니다. 하고 싶은 음악을 계속하면서 동시에 대학에서 비즈니스를 공부하여 '스스로 음악을 파는 방법을 알면, 생활력을 갖춘 뮤지션이 되겠지'라고 생각했습니다.

운 좋게 현역으로 대학 진학에 성공해서 제1지망인 상학부(한국의 경영학부)에 입학하여, 경음악부에 들어가 계속 여러 가지 밴드를 하면서 아르바이트하며 저금한 돈으로 기재를 사고, 집에서 혼자 녹음해서 곡을 만들었습니다.

하지만 대학 1학년이 끝날 무렵 어느 날이었습니다. 제가 집에서 녹음해 만든 곡과 제가 좋아해서 자주 듣는 곡을 나란히 들으며 '나라면 어느 쪽을 살까?'라고 생각하던 중, 확실히 후자가 마음에 들었습니다. 자신도 사지 않을 것 같은 음악을 만들어서 도대체 누가 들어 줄까? 급속히 자신감이 사라지고 '나에게는 음악 재능이 없다'는 것을 확실히 깨달았습니다.

정말로 뮤지션이 되고 싶은 사람은 이런 갈등을 몇 번이나 극복할 것이라는 걸 지금은 압니다. 창작자는 지속해서 하는 사람입니다. 그러나 당시에는 그런 것을 알지 못한 채 재빨리 포기하고 창작하는 쪽이 아니라 전하는 쪽으로 방향을 틀어야겠다고 생각했습니다. 자연스레 잡지 편집으로 흥미가 옮겨갔습니다.

만들던 잡지의 데이터가 사라져
편집자도 포기하다

저는 고등학교부터 대학교 시절인 90년대 후반을 모바일과 인터넷의 급속한 보급과 함께 자란 세대입니다. 고등학생 시절은 삐삐가 유행이라 쉬는 시간이 되면 공중전화 앞에 줄을 서서 가타카나와 숫자로 된 메시지를 보내고는 했습니다. 대학에 들어가서는 삐삐가 PHS폰으로 바뀌었고 휴대폰이 되었습니다. 중학생 시절에는 숙부가 물려준 '98NOTE'로 컴퓨터 통신에 접속하였고, 고등학교 시절에는 인터넷이 연결되었습니다. 잡지 〈WIRED〉와 〈STUDIO VOICE〉를 읽으면서 한밤중에 무한 요금의 전화선으로 모르는 사람과 채팅하면서도 어쨌든 대학교에 합격했습니다. 후에는 회선이 ISDN이 되고 ADSL

이 도입되어 광랜이 되었고, HTML을 배우는 수업을 들어 별 볼 일 없는 사이트도 만들었습니다.

자주 있는 이야기지만, 음악을 계기로 영화와 연극, 미술과 패션 등으로 흥미의 대상을 넓혀갔습니다. 대학교에 들어가서는 꼭 읽어야 하는 경제학과 회계 교과서는 읽는 둥 마는 둥 하면서 중학생 시절부터 읽었던 소설, 사회학과 현대사상 책, 혹은 미술과 디자인, 컴퓨터 책을 읽었습니다. 뮤지션이 되겠다는 꿈이 좌절되었을 때, 잡지를 만들고 싶었습니다(사실은 그전에 광고를 만들었습니다만, 이야기하자면 끝이 없으므로 그만두겠습니다). 잡지라면 제가 좋아하는 것을 모두 넣을 수 있다고 생각했기 때문입니다. 처음에는 학교 내에 있는 무료 신문 동아리에 들어갔지만, 2호 정도 만든 후에 판매할 수 있는 잡지를 만들고 싶어져서 고등학교 시절의 친구들을 중심으로 새로운 팀을 만들었습니다.

대학을 다니는 동안에도 침착성 없는 태도는 거의

바뀌지 않은 것 같습니다. 당시 상학부에서 가장 어렵다는 경영학자 아쿠 츠사요시 선생님의 세미나에서 브랜드론을 배우고, 편집자인 고토 시게오 씨의 편집 학교에 다니면서 다른 대학에서 교편을 잡고 계셨던 후쿠다 가즈야 선생님의 소설과 잡지 세미나에도 나가면서, 취미로 밴드도 계속하고 있었습니다. 시간이 없어서 대우가 좋은 가정교사와 학원 강사, 그밖에 수상한 아르바이트도 몇 개씩 하면서 그 와중에 일터에서 사이가 좋아진 사람을 동료로 끌어들였습니다. 대학 수업에는 거의 나가지 않았습니다. 교과서로 지정된 책을 그대로 따라 하는 것이 너무 지루해서 나중에 책만 읽어도 충분할 것 같은 수업은 나가지 않고, 그래도 어떻게든 되겠지 싶은 강의만 들었습니다.

당시 강한 영향을 받은 것은 야마가타 히로오 씨가 번역한 에릭 스티븐 레이먼드의 《성당과 시장The Cathedral & the Bazaar》(고우보우샤, 1999년)입니다. 메일링 리스트가 있으면 편집부는 필요 없다. 페이지 번호 대신 URL이 붙어 있어 모든 페이지에 대응한 서로 영향을 미치는 콘텐츠가 있는 문화 잡지를 개발하여, 이른바 '시장 모델'로 만들려고 단단히 마음먹었습니다. 당시 신주쿠의 루미네(백화점)에 있던 '아오야마 북 센터'의 잡지 코너에서 100가지 정도의 잡지를 서서 읽으면서 모두 시시하다고 생각하며 우쭐해서 저희가 구상하고 있는 잡지야말로 세계에서 가장 새롭고, 자극적인 것이라고 믿었습니다. 지금 다시 생각하면 부끄럽기 그지없습니다.

그런데 구상한 지 1년이 지난 후 조금씩 쌓아오던 페이지가 반 정도 완성되었을 무렵에 아트 디렉터의 하드 디스크가 부서졌습니다. 지금이라면 믿을 수 없겠지만 'Dropbox'도 'The Machine'도 없는 시대의 학생이었던 우리에게는 백업해 놓는다는 발상이 없었습니다. 물론 지금 생각하면 처음부터 다시 한 번 살릴 수 있었을 것입니다. 전부 사라졌습니다. 책임질 것이 없는 학생이

라는 입장 때문인지 좀처럼 잡지가 완성되지 못하는 것
이 참기 힘들어 조금씩 싫증이 나던 참이었습니다. 어쨌
든 저를 포함해 모두가 의욕을 잃어버리고 잡지는 공중
으로 붕 뜬 상태가 되었습니다. 원고와 일러스트, FLASH
게임을 의뢰해서 이미 납품받았습니다. 그분들께는 지
금도 죄송합니다.

　　이후 클럽 이벤트를 주최하거나 작품을 만들어 발
표하거나, 페이지가 적은 소책자를 만드는 팀이 되었습
니다. 특히 클럽 이벤트는 꼭 해야만 하는 스케줄이기 때
문에 당일이 되면 반드시 하게 됩니다. 마감도 없이 1년
이상 만드는 것보다 2~3개월마다 강제적인 형태로 만
드는 쪽이 대학생과 프리터(아르바이트생)의 무책임한
집단에는 맞았던 것 같습니다. 잡지를 갖게 되자 물을
얻은 물고기처럼 모두가 각자 자연스레 자신에 맞는 활
동으로 뻗어가기 시작했습니다. 그중에서도 가장 오래
지속된 것은 '니기리즘(일본어로 주먹밥은 오니기리, 오니

기리+ism의 합성어)'이라고 하는 멤버 부정·여자 한정
의 주먹밥 케이터링 유닛입니다. 클럽 멤버들과 대화 중
모임에 가면 배가 고파진다는 단순한 이유에서 시작하
여 어느새 연극과 미술전, 야외 페스티발에도 불려나가
게 되어 잡지에서도 받아들이게 되었습니다.

　한편, 저는 반쯤은 그런 활동을 즐기면서도 반쯤은
잡지가 1권도 나오지 않는 것이 싫어서 두 번째 좌절감
을 맛보았습니다. 뮤지션의 재능도 없고, 잡지 편집도 할
수 없었습니다. 취업 준비도 눈앞에 쫓겨 시작했습니다.

'글자 이탈'은
우리 탓이 아니다

그러던 와중에 읽은 것이 사노 신이치 씨의 《누가 '책'을 죽이는가》(프레지던트샤, 2001년)였습니다. 저는 잡지를 만들 때 서점에 이야기를 들으러 가서 처음으로 중개인 이라는 도매업자의 존재를 알았습니다. 책을 통해 처음 으로 출판업계의 전모를 알 수 있었습니다. 흥미를 느껴 몇 권인가 업계에 관련된 책을 계속 읽으면서 사노 씨가 쓴 것이 전부는 아니라는 것을 알았습니다.

　당시, 저희 세대를 가리켜 '최근 젊은 녀석들은 책 을 안 읽는다'라든가, '젊은이의 글자 이탈'이라고 말하 는 것에 불만이 있었습니다. 우리 세대가 나쁘다고 말하 고 있지만 진짜로 나쁜 것은 어느 쪽일까요? 확실히 전혀 책을 읽지 않는 친구도 있습니다. 책의 재미를 모르기 때문입니다. 그러나 언제 누가 그들에게 책의 재미를 가르쳐 준 적이 있나요? 옛날에는 책밖에 재미있는 것이 없었습니다. 하지만 지금은 다릅니다. 그들은 단지 서점에 갈 필요가 없어졌을 뿐입니다. 이런 생각이 점점 확실해져 갔습니다.

　출판사도 중개인(출판 유통업자)도 서점도 도서관도 이미 책을 읽는 습관이 있는 사람에게 '이 책의 재미'를 전하는 것은 열심이면서, 아무도 바로 앞에 있는 사람에게 '책이라는 것의 재미'를 전하지는 않습니다. 모두 자기 일로 힘에 부쳐 그런 여유가 없습니다. 하지만, 책과 사람이 만나는 그 사이에는 아직 할 수 있는 것이 많이 있을 것 같습니다. 저는 출판업계를 바꾸는 일을 할 수 있을지도 몰라라고 – 대학생의 흔한 철부지 같은 망상으로 어렴풋이 생각했습니다.

모처럼 들어간 회사를
2개월 만에 퇴직

취업 활동 끝에 저는 제1지망이었던 국제 박람회를 주최하는 외국계 기업에 입사했습니다. 2003년 4월의 일입니다. 회사는 여러 가지 업계를 대상으로 했는데 출판업계에서 가장 큰 박람회도 주최했습니다. 알기 쉽게 말하면 출판사가 부스를 내서 업계 사람이 보러 오는 이벤트입니다.

출판사와 도매와 서점에서 일한다는 선택지도 물론 있었습니다. 그러나 저는 무모하게도 출판업계를 바꾸고 싶다고 생각했습니다. 운 좋게 어딘가의 출판사에서 편집부에 배속된다고 해도, 그곳에서 출판업계를 바꾸는 것은 어렵습니다. 저는 이미 편집자로서 '재미있는 책을 만든다'는 일이 아니고 막연하지만 어떤 형태의 '책 그 자체의 재미를 전하고 싶다'는 일을 하고 싶어서 그 것을 위해서는 업계의 내부로 파고 들어가지 말고, 조금 은 외부에서 업계 전체를 둘러볼 수 있는 일을 하고 싶 었습니다.

그러나 저는 겨우 입사 2개월 만에 '오늘 회사를 그 만둡니다'라고 말하고 퇴사했습니다. '밥벌이도 못 하는 것은 싫다'라는 생각을 갖고 있어서 회사를 그만둘 거라 고는 생각도 못 했습니다. 딱 23살이 되던 때였습니다.

그만둔 이유는 단순히 일이 많다든가, 사풍이 맞지 않다든가 여러 가지 있지만, 회사 욕이 될 수 있으므로 그만하겠습니다. 하여간 '2년간 한 사람으로서 먹고살 수 있는지 시험해 보자. 안 된다면 다시 한 번 취업 준비 를 하자'라는 선택지가 있다는 것을 깨달았습니다. 당시 제 눈에 들어온 것은 신입 사원 채용의 나이 제한은 거 의 '25세 이하'였습니다. 주변에서는 '어쨌든 3년은 일해라'라고 말하는 사람도 있었지만(이것은 마치 저를 위한 대사 같지만, 채용에도 비용이 든다는 회사의 사정을 다분 고려한 것입니다), 3년이나 일하면 25세를 넘기고 맙니다. 그만둘지 남을지 어느 쪽이 위험할까 생각하던 때에 후자라고 결정했습니다.

레이먼드 망고의 《취직하지 않고 살려면》(쇼분샤, 1981년)과 마츠우라 야타로 씨의 《최저로 최고의 책방》(DAI－X슈판, 2003년) 등, 스스로 책에 관련된 일을 시작한 사람이 쓴 책도 뒤에서 저를 밀어주었습니다. 또한, 마침 개인이 운영하는 온라인 헌책방이 늘어나고 있어서, 기타미 도로 씨의 《나는 온라인 헌책방 아저씨》(후우진샤, 2000년) 등을 읽으면서 저도 할 수 있을 것 같은 생각이 들었습니다. 애초에는 출판업계를 내부부터 바꿀 수 없다고 생각했지만, 그런 것 이전에 우선 어떤 형태라도 좋으니까 내부로 들어가서 여러 가지를 해보지 않으면 알 수 없다고 생각을 바꿨습니다. 어쨌든 무엇이

든 좋으니까, 우선 2년간 책과 관련된 일에 뛰어들자고
결정했습니다.

책과 사람과 우연의 만남을
만드는 유닛

2003년 6월, 대학 시절부터 함께 활동하던 멤버 중에 취업하지 않고, 또한 헌책을 좋아하는 동료 2명에게 제안하여 셋이서 '북 픽 오케스트라'라는 '책과 사람과 우연의 만남을 만든다'는 유닛을 결성했습니다.

당시 온라인 헌책방은 아무리 열심히 해도 겨우 혼자 살아갈 수 있는 수준의 벌이든가 아니면 다른 일을 하면서 부업으로 시작하는 형태였습니다. 많은 개인이 HTML을 독학해서 만든 사이트에 헌책 목록을 올려놓았습니다. 아마존Amazon의 마켓 플레이스는 아직 들어오지 않은 시기였지만, '이지식Easyseek'이라는 일본 국내 마켓 플레이스와 야후 옥션에 병행해서 출품하는 사람도 있었습니다. 각각의 취향을 살린 매우 재미있는 사이트였지만 한편으론 그 정도로는 헌책을 좋아하는 일부 사람에게만 전달되니 협소한 세계로 느껴졌습니다.

막연히 '책 자체의 재미를 전한다'라는 필요성을 느껴 푼돈을 벌기보다는 우선 재미있는 사이트를 만드는 것이 우선이라고 생각했습니다. 학생 시절 활동의 연장으로 우선 제 친구들이 재미있게 매일 보러 올 수 있는 사이트를 만들자고 생각했습니다. 사이트의 콘셉트는 '헌책방×웹 매거진'입니다. 한 권의 헌책을 소개하기 위해 일부러 대담도 하고, 책을 갖고 밖으로 나가 야외에서 촬영하고, 매일 칼럼을 갱신하고, 표지 디자인을 보여주기 위해 플래시 콘텐츠를 만들고……. 어차피 세 명이 벌어먹을 수 없었기에 외부에서는 하지 못하는 일을 시간을 들여 하면서 조금이라도 번 돈을 주머니에 넣지 않고 저금해서 다음 활동에 사용하는 방식을 취했습니다.

이 시절에는 가난했습니다. 회사를 그만 둘 때는 아

직 부모님 집에서 살고 있었습니다. 아르바이트생 신분
으로 계속 부모님께 어리광을 부리고 있다는 생각이 들
던 차에 재미있는 건물에 살고 있던 친구가 마침 집을 비
우게 되어서 그곳으로 이사 가서 그대로 다음 주인이 되
었습니다. 아라카와 구 니시오구의 지은 지 수십 년이 넘
은 여러 번 수상한 증축을 반복한 50평이 넘는 집입니
다. 집세는 수도요금을 포함해서 5만5천 엔이라는 파격
적으로 싼 건물이었습니다. 당시 미술 업계에서 '얼터너
티브 스페이스'라는 말이 유행했는데 잘 알지도 못한 채
어쨌든 하나의 얼터너티브 스페이스에 관리인으로 살게
되었습니다.

'아파트를 편집하는 모델'이라는 콘셉트로 공간에
'modelroom'이라는 이름을 붙이고, 헌책 재고를 늘어
놓고 팔면서 매달 홈파티를 하거나, 전시회를 하고, 하
룻밤에 500엔을 받고 친구들을 재웠습니다. 특히 홈파
티는 친구가 또 친구를 데리고 와서 매번 사람이 늘어나

많을 때는 30명 이상이 모였습니다. 간단히 요리를 만들어 제공하고 걷은 회비를 집세로 충당하면서, 파티 후 일주일 정도는 모두가 가져온 남은 음식과 음료수로 살 수 있었습니다.

마침 그 때, 제가 좋아서 구독하던 센다기의 오라이도 서점往來堂書店의 메일 매거진에 아르바이트를 모집한다는 공고가 실렸습니다. 재빨리 응모해서, 그 후로 몇년간 신세를 졌습니다. 오라이도 서점에서 신간 서점의 기본적인 일과 출판유통 시스템, 사랑받는 거리의 서점의 본연의 자세 등을 배운 덕택에 현재의 제가 있습니다.

'포장'으로 책과 사람의
'사이'를 만든다

저는 그로부터 2006년까지 '북 픽 오케스트라'의 대표를 지내다가 처음부터 함께해 왔던 가와카미 요헤이에게 대표를 물려주고, 'numabooks'라는 가게 이름으로 이른바 솔로 활동을 시작했습니다. 그래도 여전히 '책과 사람과 우연의 만남을 만든다'는 콘셉트는 소중히 여깁니다.

원래 무언가와 무언가의 만남이란 계기가 있어 우연히 일어납니다. 그러므로 무엇을 '만든다'는 계기로 결국 책과 사람 '사이'에 있는 것을 만들 수 있습니다. 책은 단지 조용히 서가에 꽂혀 있습니다. 어떻게 사람이 와서 어떻게 그 책을 손에 넣게 될지, 구성을 생각하는 것입니다. 고전적인 방법으로, 추천하는 책은 표지를

위로 향하도록 진열하거나('얼굴 드러내기'라고 합니다),
POP 광고를 붙이거나, 서점 직원이 직접 손님에게 말을
걸어 안내하는 방법 등이 있습니다. 이것들은 모두 책과
사람 '사이'에 있는 것을 만들어 주지만, 장소를 서점과
도서관으로 한정하지 않으면 할 수 있는 방법이 무한할
것으로 생각했습니다. 제가 직접 만든 프로젝트를 언젠
가는 소개하고 싶었습니다.

2003년 7월, 친구가 클럽 이벤트를 한다고 해서 이
제 막 시작한 '북 픽 오케스트라'지만 무언가 할 것이 없
냐고 물었습니다. 학생 시절에도 클럽에서 헌책을 판 경
험은 있었지만, 솔직히 말해서 어두워서 잘 보이지 않고,
그런 장소에서는 보통 헌책에 흥미를 느낀 사람이 없습
니다. 클럽에서도 쉽게 살 수 있게 할 어떤 방법이 필요
하다고 생각해서 낸 기획이 '문고본 엽서'입니다.

문고본 헌책을 크래프트 지로 쌉니다. 위에서 보면
문고본이 들어 있는 것을 알 수 있지만, 제목은 알 수 없

습니다. 크래프트 지 겉에는 수신인 이름과 메시지를 적는 부분을 인쇄했습니다. 그리고 겉에는 안에 들어 있는 문고본에서 인용한 몇 줄의 문장을 인쇄했습니다. 헌책이지만 속도 인용문도 책마다 다릅니다. 제목과 저자를 모르니까 선택 기준은 인용 문장뿐입니다. 문고본은 원래 일반 엽서와 크기가 거의 같습니다. 구매자가 그림엽서를 선택하듯이 마음에 드는 문장을 골라서 구매하게 한다는 구성입니다.

이 책을 구매하면 두 가지 즐거움이 있습니다. 첫 번째는 직접 개봉하여 우연한 만남을 즐길 수 있습니다. 이름은 알아도 읽은 적이 없는 작가 책이 당첨되는 경우도 많습니다. 두 번째는 우체통에 엽서처럼 넣어서 누군가에게 선물하는 것입니다. 보낸 자신도 속을 모르므로 도착 후에 전화로 '무슨 책이었어?' 하며 묻는 즐거움이 있습니다.

이 방법은 헌책뿐만 아니라 새책에도 응용할 수 있

문고본 엽서 지금도 '북 픽 오케스트라'를 통해서 전국
의 가게에서 판매하고 있다.

습니다. 제가 '문고본 엽서'에 대해 전에 발매한《책의 미래를 만드는 일/ 일의 미래를 만드는 책》(아사히신분슈 판, 2009년)에 쓴 것을 읽은 빌리지 뱅가드(일본 잡화 서점) 직원이 '우리도 하고 싶다'고 말해서 실현된 것이 '복면 문고본'입니다.

　가게 직원이 추천하는 문고본이 속이 보이지 않는 상태로 포장되어 있습니다. 빌리지 뱅가드 특유의 POP 광고판에 쓰인 인용 문구와 가격('문고본 엽서'는 헌책이라 모두 같은 가격이지만, 신간 서적이라 한 권마다 가격이 다릅니다)만을 의지해서 구매하는 구조입니다. 페어로 시작한 기획이 화제가 되어 빌리지 뱅가드의 정기 코너로 1년 이상 지속되었습니다.

　2012년에는 기노쿠니야 서점紀伊国屋書店에서 '책 베개'라는 페어를 개최해서 화제가 되었습니다. 책을 포장해서 속을 볼 수 없습니다. 문고본 엽서와 다른 점은 인쇄된 문장이 필자의 힘이 특히 들어가 있는 '글의 첫머

리'라는 점입니다. 《TOKYO BOOK SCENE》(겐코우샤,
2012년)이라는 책에서 기획을 생각한 기노쿠니야 서점의
이토 미노루 씨와 대담을 나누었습니다. '복면 문고본'에
서 힌트를 얻은 것 같았습니다.

　'문고본 엽서'를 시작으로 진행한 일련의 기획에는
지금까지도 자주 사용하고 있는 두 가지 방법이 응축되
어 있습니다. 하나는 '책과 관련된 너무 많은 정보를 하
나로 압축하는 것'과 다른 하나는 '문장을 인용해서 유
통하는 것'입니다.

우연한 만남에서 나온
두 가지 방법

연간 약 8만 종 이상 발행되는 책은 여러 분야로 나뉘어 서가에 진열되거나 평대(책 표지가 보이도록 진열해 놓는 테이블)에 올라가지만, 대부분 서점은 협소합니다. 텔레비전 방송에서 소개하거나, 전차 안에 광고하거나, 트위터Twitter에 올리거나, 선생님과 친구가 권유한 책 등 몇 권의 책 정보가 모호히 머릿속에 들어옵니다. 그리고 진열된 책에서 저자 이름, 제목, 장정, 띠지에 적힌 광고 문구와 추천문, 그리고 점원이 세워 놓은 POP, 서서 읽고 있으면 목차, 책 첫머리와 후기 등 많은 정보가 밀려들어옵니다. 그래서 결국, 어느 것을 사야 할지 모른 채 아무것도 사지 않고 돌아갑니다. 스스로 좋아하는 책을 잘 고

르는 사람도 있지만, 그렇지 않은 사람에게서 자주 듣는 '서점은 그렇고말고'라는 이야기입니다.

'책과 관련된 너무 많은 정보를 하나로 압축한다'고 생각하면 한층 더 책을 선택하기 쉬워집니다. '문고본 엽서'에 한 권의 책에 관련된 정보는 '인용한 문장' 뿐입니다. 가장 마음에 들었던 문장을 선택할 뿐입니다. 그 밖에도 이른바 'SEIREKI BOOKS'라는 기획에서는 책을 넣어 봉한 크래프트 지에 스탬프로 그 책의 초판 발행 연도를 찍었습니다. 정보는 '발행 연도'뿐이지만 대개 사람들은 재미있어하며 자신이나 연인, 혹은 부모 등이 태어난 해와 같은 책을 사서 돌아갔습니다. 그 밖에도 '주인공 이름'만으로 선택한다든가, '책을 추천한 사람의 얼굴 사진'만으로 선택하는 기획도 한 적 있습니다. 모두 사람들로 붐비는 행사였습니다.

그중에서도 '인용한 문장'은 다른 정보와 달리 그것만으로도 힘을 가지고 있습니다. 좋은 인용은 그 자체만으로도 재미있습니다. '문고본 엽서'는 책과 세트였습니다. 예를 들면 제가 한때 참여했던 KDDI의 'LISMO Book Store'라는 전자책 플랫폼 프로모션에서는 '오늘의 한 구절'이라는 트위터를 사용한 콘텐츠를 기획 운영했습니다. 스토어에서 살 수 있는 전자책 중에서 인상적인 한 구절을 100자 정도로 다듬어 제목과 URL을 함께 트위터에 '방출'했습니다. URL을 클릭하면 소개 페이지로 이동하는 구조입니다. 타임라인에 뜨는 문장에 어떤 느낌을 받으면 사용자는 공유하고 싶어집니다. 트위터 이후의 SNS에서는 '한 구절을 인용해서 요약해 유통시킨다'라는 방법이 더욱 효과적이었습니다. 그리고 '어렵다고 생각했던 작가의 책에도 이런 구절이 있구나' 하는 뜻밖의 발견과 '도대체 이런 제목의 책 어디에서 이런 표현이 나올 수 있는 것일까' 하는 관심도 동시에 끌어냈습니다.

　물론 실제로 책을 읽을 때까지는 재미있을지 없을

지 알 수 없습니다. 그러나 그것은 사실 아무리 많은 정보가 있어도 똑같습니다. 어떤 베스트셀러라도 누구나 재밌게 읽을 수는 없습니다. 이성과 만날 때를 상상해 보세요. 결혼상담소처럼 스펙을 열거해서 당신과 맞을 것 같다고 소개받은 사람보다 우연히 술집에서 옆자리에 앉았던 사람과 훨씬 사이가 좋아지지 않습니까? 어차피 모르니까 때로는 우연히 만나고 싶습니다. 이런 일을 시작할 때는 '정보를 압축한다'와 '인용해서 요약한다'는 두 가지 방법을 추천합니다.

서가가
브랜딩의 도구가 되다

이런 기획을 계속하면서 오라이도 서점과 여러 다른 아르바이트를 하며 연명했습니다. 2004년 말에 어떤 대형 의류기업의 담당자로부터 '헌책을 팔고 싶어요'라는 메일이 왔습니다. 이것이 제가 최초의 서가를 프로듀스한 'TOKYO HIPSTER CLUB'의 계기였습니다.

'TOKYO HIPSTER CLUB'은 하라주쿠 진구마에 교차점 근처, 구석진 곳에 2005년에 오픈했습니다. 1층은 옷, 잡화, 책 판매 장소, 2층은 전시와 이벤트를 위한 장소, 3층은 카페 콘셉트의 가게입니다. 이름 그대로 1950년대 미국에서 '힙스터'라고 불린 비트 시대 시인들의 문학을 중심으로 거기에서 파생된 여러 카운터 컬쳐를 표현한 가게였습니다.

처음에는 서가에 어울리는 헌책을 도매하고 싶다는 의뢰였지만, 도면을 보니 서가가 너무 커서 헌책만으로는 채우기 어려워 그 콘셉트라면 국내서나 외국서의 신간 등 넣어야 할 것이 아주 많을 것 같았습니다. 그런 이야기 끝에 업무 위탁을 받아 서가 담당자로 일하게 되었습니다. 마침 제가 이 장르의 책을 어느 정도 자세히 알고 있고, 헌책을 많이 갖고 있으며, 서점에서 아르바이트하며 유통 구조도 알고 있었고, 옷도 좋아했습니다.

일하면서 이런 서가가 '브랜딩의 도구'가 될 수 있다는 것을 깨달았습니다. 친구의 집에 놀러 갈 때마다 서가를 보면 친구의 머릿속이 비쳐 보이는 감상에 빠지듯이 가게든 사무실이든 그곳에 서가가 있으면 '이 가게는 이런 가게구나', '이 회사는 이런 회사구나'라는 것이 그것을 본 사람에게 전해질 것입니다. 반대로 말하면, 서가에 어떤 책을 진열할지 착실히 생각해서 조정하면 꽤 전

'TOKYO HIPSTERS CLUB'의 서가 5년간 영업하면서
많은 사람에게 아쉬움을 남긴 채 2010년 말에 폐점했다.

달하기 어려운 브랜드의 세밀한 메시지도 구체적으로 전달할 수 있습니다. 제가 하는 일은 확실히 대학에서 배운 브랜딩 그 자체라는 것을 뒤늦게 깨달았습니다.

예를 들면 'TOKYO HIPSTER CLUB'의 경우 콘셉트는 카운터 컬처지만 판매하는 옷과 잡화, 흐르는 음악과 인테리어만으로는 비트 세대 시인들의 사상을 이어받았다는 것을 전하기 어려웠습니다. 그러나 서가 중심에 알렌 긴즈버그의 시집과 잭 케루악의 소설이 놓인다면 비트 세대를 알고 있는 사람에게는 한눈에 전해질 것이고, 모르는 사람에게는 '이건 뭐지?'라는 흥미를 유발할 것입니다. 또한, 자기가 읽었던 책이 한 권이라도 서가에 놓여 있는 것만으로 책장을 본 사람은 '이 가게 뭘 알고 있네'라고 공감하고, '가게랑 취향이 같아' 하며 친밀감을 느끼는 것을 일하면서 알았습니다. 무엇을 놓고, 무엇을 놓지 않는가 하는 선택이 가게를 나타냅니다. 브랜드를 배운 덕에 그것이 얼마나 중요한 일인지 알아차리는 동시에 거기에 비용을 들여야 한다는 논리적인 설명도 할 수 있었습니다.

　원래 '책 그 자체의 재미'를 전하고 싶다고 생각하던 저에게, 서점과 도서관 이외에 이런 '책이 있는 장소'를 만들어 책과 사람에게 지금까지 없었던 '사이'를 만들기 위한 접근과 로직을 손에 넣은 것은 아주 큰 도움이 되었습니다.

음식점 메뉴에
책을 넣다

서점 이외의 장소에서 책을 판매하려고 할 때, 몇 가지 극복해야 할 장애물이 있습니다. 가장 큰 장애물은 유통과 거래 습관에 관한 장애물로 이것은 제2장에서 말하겠습니다. 다음으로 큰 장애물이 '책을 사러 온 것이 아닌 사람 손에 어떻게 책을 들려줄까'라는 것입니다. 특히 어려운 것은 음식점입니다.

당연한 일이지만, 음식점은 보통 음식을 먹기 위해 방문합니다. 그런 장소 구석에 서가를 만들면 가게 주인이 직접 손님에게 말을 걸어 책을 추천하지 않는 한 많은 사람에게 그저 풍경의 일부일 뿐입니다. 그렇다고 서가를 늘리면 이번에는 서점이 되어버려서 음식점 영업에 영향을 미칩니다. '소매와 음식 양쪽을 병행하려고 했지만, 어찌 됐든 한쪽이 주가 되어버려, 상당히 잘하지 않으면 다른 쪽이 따라오기는커녕 거의 덤이 되어 버린다'는 것은 옛날에 북카페를 운영하던 주인에게 배운 것입니다. 10년 동안 일을 하고 있는 지금도 자주 느낍니다.

그래서 서가를 만들지 않고 음식과 세트로 메뉴에 넣으면 어떨까 하고 생각했습니다. '문고본 세트'는 2009년 아오야마 스파이럴이라는 건물 안에 있는 스파이럴 카페에 제안한 기획입니다. 매달 다섯 권의 문고본과 음료수를 세트로 만든 메뉴를 준비했습니다. 책 선택의 기준이 되도록 간단한 광고 문구와 본문의 첫 문장도 적어 놓았습니다. '3번 문고본과 카푸치노를 주세요'라는 형태로 한 권의 책과 음료수를 짝 맞추어 주문하는 방식입니다.

이른바 '케이크 세트'의 케이크가 같은 가격대의 문고본으로 바뀐 것으로 생각하면 이해하기 쉽습니다. 문고본은 물론, 그대로 가지고 돌아갈 수 있습니다.

음식과 책을 하나의 세트로 만들면 책은 카페에서 식사 시간을 즐기기 위한 하나의 규칙, 음식의 일부가 됩니다. 이 기획은 스파이럴의 창립 25주년을 기념해서 5개월 동안 기간 한정 메뉴로 실시해서 25종류의 문고본을 판매했습니다. 텔레비전, 신문, 잡지 등 미디어의 많은 취재를 받아 인터넷에서도 꽤 화제가 되었습니다.

2009년, 아오야마 스파이럴 카페에서 제공한 '문고본
세트'

종이책이야말로
'세계에서 유일한 한 권'이 될 수 있다

헌책을 팔 경우 '북 픽 오케스트라' 시절부터 기본적으로
는 대개 헌책방에서 싼 헌책을 사서 그것보다 비싼 가격
으로 파는, 이른바 '수수료'를 받는 방법을 선택했습니
다. 그렇게 해서 싼 헌책을 뒤지면서 자주 발견하는 것
은 전 주인의 존재가 엿보이는 책입니다. 선이 그어 있거
나, 생각하며 읽으면서 여백에 필기한다든가, 표지에 아
이의 낙서가 있다든가, 책 내용과 관계없는 일기 같은 사
적인 내용이 적혀 있다든가, 편지, 마권, 영수증이 접혀
있다든가, 이들 중 책에 직접 필기를 한 것은 저자의 사
인을 빼면 모두 가격을 크게 하락시키는 것이 보통입니
다. 그러나 정말 그런 책의 가치가 일률적으로 전보다 떨

어진다고 할 수 있을까요?

2005년 6월에 에비스의 갤러리에서 'write on books'라는 이름으로 '필기할 수 있는 서점'이라는 프로젝트를 진행했습니다. 그곳에 진열된 헌책은 모두 파는 것이지만, 자유롭게 필기할 수 있습니다. 구매한 사람뿐만 아니라 그냥 놀러 온 사람도 글씨를 써도 괜찮다는 서점입니다. 가게에 있는 책에 그 자리에서 쓰는 것이니까 솔직히 말해 대개 단순한 낙서 같은 것이었습니다. 그러나 전시 중 여러 사람의 손이 닿은 책을 다들 재미있어했습니다. 최종적으로는 거의 다 팔았습니다.

예를 들면 1쇄 5,000부를 찍은 책은 인쇄된 시점에서 전 세계에 5,000권만 있습니다. 어딘가의 누군가가 그 한 권에 한 줄의 선을 긋는 시점에서 그것은 그 사람의 '읽기'가 추가된 세계에서 한 권뿐인 책이 되는 것입니다. 그리고 이것은 종이 책에만 한정된 것입니다. 전자책에도 선을 긋고, 글자를 적을 수 있지만, 그것은 어디까지나 언제라도 데이터의 원리적인 복제가 가능합니다.

이 원리를 발전시켜서 잡지 〈FRaU〉(2009년 9월호, 고단샤) 지면을 빌려 'DRAWING ON BOOKS'라는 기획을 했습니다. 일러스트레이터 사카모토 나오 씨에게 부탁해서 그녀가 읽은 가와카미 히로미 씨의《까칠까칠》이라는 책에 직접 그림을 그리는 기획입니다. 사카모토 씨는 잡지에서 '책에 그림을 그리면서 좀 더 책을 중요하게 생각할 수 있었습니다. 어린 시절이라면 화가 났을 낙서도 어른이 되니 전혀 다른 의미를 갖게 되었습니다' 라고 말했습니다.

어린 시절에 책은 소중히 취급해야 한다고 배운 탓인지 직접 그림을 그리는 것에 저항감이 있는 사람도 많이 있지만, 해 보면 즐겁습니다. 글을 쓸 수 있는 종이라는 소재의 성질은 '책 자체의 재미' 중 하나입니다. 100명의 사람이 읽었다면 100개의 '읽기'가 있는 책이므로 그 사람의 '읽기'가 직접 현물로 남아 있는 책은 뒤에 다시 읽어도 다른 사람 손에 전해질 때 단순한 인쇄물과는 달리 세계에서 한 권뿐인 애정이 담긴 '물건'이 됩니다. 뒤에 다시 자세히 서술하겠습니다만, 종이책 특유의 이런 '물건'적인 속성은 책의 비즈니스에서 앞으로 한층 더 주목받을 것입니다.

책은 이미
정의할 수 없다

'머리말'에서 '출판업계의 미래'와 '책의 미래'는 다른 것이라는 것을, 책은 출판업계의 외부로 넓게 확장하고 있으며 이것은 책에 의한 책을 위한 '역습'이라고 말했습니다.

출판업계에 몸을 담고 있는 많은 사람이 무의식 중에 표지를 두르고 띠지를 두르고, ISBN이라는 관리번호와 바코드가 붙은 슬립(매상 전표 대신 사용하는 용지)을 끼우고, 출판사가 발행해서 중개인이 운반하여 서점이 파는 것이, 우리가 취급하는 것만이 책이라고 생각합니다. 그러나 최근 전자책이라고 불리는 것을 점차 일반인도 사용할 수 있게 되면서 조금씩 상황은 바뀌었습니다.

그와 동시에 어느새 '책이란 무엇인가'라는 정의를 내릴 수 없게 되었습니다.

책의 역사는 대개 손으로 쓴 사본을 기원이라고 말합니다. 브뤼노 블라셀의《책의 역사》(소겐샤, 1998년)에 따르면 라틴어의 '책liber'은 원래 '수목의 내피'를 표현하는 단어이며, 그리스어 '책biblion'의 어원은 파피루스를 의미하는 'biblos'에서 온 것입니다. 결국, 종이가 생기기 전의 문자를 손으로 쓰면서 책의 역사는 시작되었습니다. 책이 현재처럼 책자 모양이 된 것은 양피지라는 소재가 생긴 이후입니다. 인쇄 기술이 생기고 복제가 가능해지자 손으로 쓸 필요가 없어졌습니다. 그 후 디지털 기술이 생기고 인쇄가 필요 없어지는 동시에 책자가 아닌 마치 석탄이나 나무껍질처럼 한 장의 태블릿 모양으로 다시 돌아간 것이 현대라고 말할 수 있습니다.

손으로 쓴 것이 책자가 되고, 이윽고 인쇄되고, 그리고 디지털이 된 이런 모든 것을 넓은 의미로 책이라고 생각해 봤습니다. 그러면 예를 들어, 기업이 만든 상품 카탈로그와 팸플릿도 책이라고 말할 수 있겠죠. 그것을 디지털화한 상품 웹사이트마저 아이패드로 본다면 같으니까 책이 아니라고는 말할 수 없습니다. 박물관에 보관된 사본을 책이라고 한다면 현대에 사는 우리가 문고본 크기의 노트에 손으로 쓴 소설도 책이 됩니다. 에버노트(Evernote, 애플리케이션) 위에 쓴 논문도 책이 됩니다. 전자책만이 아니라 전자사전도 책입니다. 《타운 페이지》(마을 상점 광고 책자)가 책이라면, 휴대전화에 등록된 전화 수첩도 책입니다. 스마트폰 버전의 사진집이 책이라면 촬영한 사진을 미리 볼 수 있는 디지털카메라의 화면도 책이겠죠.

《오토기리소우》와 《가마이타치의 밤》이라는 사운드 노벨 게임을 계기로 책을 좋아하게 된 사람도 많이 있으니, 슈퍼 패미컴뿐만 아니라 모든 게임 소프트도 책입니다. 아오조라 문고(www.aozora.gr.jp, 저작권이 풀린

문학 작품을 전자문서 화해서 인터넷에 공개하는 전자도서관)의 책을 읽을 수 있는 《DS 문학전집》이 있는 닌텐도 DS는 좌우 페이지의 형태를 갖추고 있으니 확실히 책이겠죠. 블로그도 '2채널(일본의 대형 커뮤니케이션 사이트)'의 게시판도 누군가의 트위터 글도. 그대로 책으로 만들 수 있으니 물론 책입니다. 토크쇼와 니코나마(니코니코 생방송. 개인 인터넷 방송 서비스 사이트)의 중계는 물론, 문자가 발생하기 전부터 그 시점에서 책이 아니라고는 말할 수 없습니다. 그렇게 생각한다면 우리가 회식을 기획해서 술집에서 친구들과 이야기하는 것만으로도 그 시점에서 책을 출판하고 있는 것일지도 모른다……?

　생각해 보면 아직 끝이 없지만 이런 것을 만드는 일은 모두 넓은 의미로는 책의 일이라고 말할 수 있습니다. 실제로 회식과 파티를 기획하고 누구를 부를까 생각하는 것은 무크지와 잡지의 특집을 기획하고 그것을 누구에게 쓰게 할까 생각하는 것과 닮았습니다. 그저 억지로 들릴까요?

한편으로는 출판업계가 ISBN이라는 코드로 관리하는 책에는 브랜드 이름이 들어간 토트백과 허리에 감는 것만으로도 날씬해지는 끈과 전자레인지로 간단히 조리할 수 있는 실리콘 스팀 냄비까지 포함되어 있습니다. 이것들은 모두 출판사에서 부록으로 붙여주는 사은품으로 책을 만든 편집자가 기획한 것이므로 틀림없는 책의 일부분입니다. 실제로 현장에서 팔리고 있습니다. 상품 카탈로그부터 회식에 부를 사람을 선택하는 것까지 생각하는 것과 토트백부터 실리콘 스팀 냄비까지 생각하는 것은 도대체 어느 것이 더 책 만들기 다운 일이라고 말할 수 있을까요?

책은 이미 정의할 수 없고, 정의할 필요가 없습니다. 책은 모든 콘텐츠와 커뮤니케이션을 집어삼켜 영역을 횡단해서 확장해 나가고 있습니다. 이 상황이야말로 저는 '팔리지 않는다', '활기가 없다'라는 말을 계속 들어

온 책에 의한 책을 위한 '역습'이라고 생각합니다. '전자 책 원년' 등을 생각할 필요도 없이 사실은 벌써 책은 스스로 있을 장소를 넓혀왔습니다.

지금, 그리고 앞으로 책에 관련된 일을 하는 모든 사람은 이것으로부터 눈을 피할 수 없습니다. 책이 어디서부터 어디까지인지는 사람에 따라, 시기에 따라 변해가겠죠. '책은 편집된 콘텐츠이다'든가 '책은 인쇄된 책자이다'라고 말하는 것처럼 정의하지 않으면 안정되지 않는 사람도 있겠지만, 저는 그러한 틀에 얽매이지 않고 일하는 편이 즐거울 것으로 생각합니다. 책을 지키고 싶다고, 없어지지 않으면 좋겠다고 생각하는 사명감을 가지면서도 책의 '무엇을' 지키고 싶은 것인지, '어디가' 없어지면 안 되는지, 제 나름대로 생각하면서 자신의 영역에 얽매이지 않고 임기응변으로 적용합니다. 그것이 책의 일이라고 생각하면 확실히 앞으로 즐거워질 것이라는 생각이 들지 않습니까?

그리고 이와 동시에 '앞으로는 전자책의 시대니까 디지털로 대책을 마련한다'라고 하는 단락적인 스타트 지점이 되지 않겠다는 것도 의미합니다. 제2장에서는 사고 정지에 빠지지 않고, 각각 자기 나름대로 '앞으로의 책의 일'로 사상을 확장하기 위해 우선 책과 그 주변을 둘러싼 현상을 재차 부감하려고 합니다.

제2장

—

책은
확장하고 있다

종이책이
될 때까지

우선은 어떤 한 권의 종이 책이 기획되어 판매될 때까지의 흐름을 예로 들어 이야기를 시작하겠습니다.

제4장에서 자세히 설명하겠지만, 저는 시모키타자와에서 'B&B'라는 시간 서점을 경영하면서 종이책 판매를 중심으로 일하고 있습니다. 이렇게 현실적인 장소를 가지고 있으면 여러 가지 만남이 있습니다. 그렇게 알게 된 사람 중에 시모기타자와에 사는 작가, 요시모토 바나나 씨가 있습니다. 여러 이야기를 나누던 중에 바나나 씨의 제안으로 시모기타자와에 활기를 불어넣기 위해 함께 《시모기타자와에 대해서》라는 작은 책을 만들어 시모기타자와 한정으로 팔게 되었습니다.

요시모토 바나나 《시모기타자와에 대해서 1》(B&B, 2013년)의 표지 시모기타자와 한정으로 판매 중

우선, B&B가 출판을 맡아 제가 편집하기로 했습니다. 콘셉트를 결정하고 처음으로 한 일은 함께 만들 멤버를 정해서 제안하는 것이었습니다. 시모기타자와를 위해 만드는 것이므로 관련 스태프도 전원 시모기타자와의 사람으로 하자며 디자인은 B&B 위층에 사무실이 있는 디자인 사무실, direction Q의 오오니시 타카스케 씨, 표지 그림은 과거에 요시모토 씨의 책을 만들었던 역시 시모기타자와에 거주하는 오노 마이 씨에 부탁했습니다. 또한, 교정은 프로에게 맡겨야 하므로 시모기타자와에 사무실이 있는 오오니시 데라오 씨에 의뢰했습니다.

이번에는 바나나 씨의 단독 책이었지만 만약 많은 사람이 참여해야 하는 잡지 같은 책이라면 다른 작가와 일러스트레이터와 사진가 등에게 부탁하는 것도 편집자의 일입니다. 멤버를 결정해서 내용과 스케줄에 따라 협의했습니다.

바나나 씨의 교정된 원고, 오노 씨의 표지 그림은 편

집자인 저를 거쳐서 최종적으로 디자이너 오오니시 씨
에 전해집니다. 오오니시 씨와 함께 종이와 인쇄 방법,
제본 등을 검토했습니다. 핑크 표지에 맞춰서 실 제본을
선택하여 제본 가게에도 협력을 구했습니다. 또한, 본문
의 문자 레이아웃부터 조판은 전부 오오니시 씨가 해주
셨지만, 각각 역할을 분담한 경우도 있습니다. 이것을 몇
번이나 멤버에게 확인하고 완성한 데이터를 인쇄소에 넘
깁니다. 인쇄를 마친 후 제본되어 최종적으로 책으로 만
들어지면 마지막으로 납품합니다.

《시모기타자와에 대해서》는 소규모 출판물이지만,
종이 책을 만들 때, 이런 기본적인 흐름은 규모의 대소
에 상관없이 어떤 책이라도 대개 같습니다. 다른 것은 여
기서부터입니다.

일본 전국 어디라도 빨리 도착하는 출판유통 시스템

《시모기타자와에 대해서》라는 책은 시모기타자와에 직접 와서 이 동네를 즐기게 하는 것이 목적이라 처음부터 전국 서점에서 팔 생각은 없었습니다. B&B는 출판사이면서 책을 판매하는 서점이며, 동시에 시모기타자와의 다른 가게에 위탁해서 공급하는 중개인에 가까운 역할도 담당했습니다. B&B는 이 책을 통해 이익을 얻는 것이 목적은 아니었기에 가능한 한 싸게 팔아서 공평하게 이익을 나눌 생각으로 정가를 정했습니다. 이른바 '리틀 프레스'라고 부르는 독립 출판물입니다.

한편, 지금 당신이 읽고 있는 《책의 역습》이라는 책은 전국 서점에서 살 수 있으며, 점포에 없으면 주문

할 수 있습니다. '아사히슈판샤'라는 출판사는 이 책을 많이 파는 것이 비즈니스입니다. 출판유통 시스템은 비즈니스의 효율을 높이기 위해 만들었습니다. 책을 만드는 출판사와 책을 파는 서점, 그리고 양쪽 사이를 연결하는 중개인이라고 부르는 유통 업자가 출판업계의 중심인 3대 플레이어입니다.

출판사가 만든 책은 중개인의 트랙에 실려 전국의 서점에 도착합니다. 출판사는 약 3,600개 정도가 있고, 서점이 1만 4,000개 정도 있어(2012년), 각각 개별로 계약해서 돈을 주고받으면서 책을 배송하면 상당히 고생스럽습니다. 그 부분을 담당하고 있는 것이 중개인입니다. 그렇기에 큰 중개인은 몇 개밖에 없습니다. 그들은 총합 중개인이라고 불리며(한국에서는 도서 총판) 거의 모든 출판사의 상품을 취급합니다.

대개 서점은 하나의 큰 중개인과 계약해서 그곳으로부터 대부분 책을 차입합니다. B&B도 도한이라는 중개인과 계약해서 유통하는 책은 전부 도한에서 차입합니다.

그렇게 차입한 책이 비록 생각한 것 보다 팔리지 않아도 서점은 할인하지 않고 정가로 팝니다(재판 제도). 대신 대부분이 위탁 상품이라 출판사에 반품할 수 있습니다(위탁 제도). 그리고 새로운 책은 주문하지 않아도 자동으로 매일 들어옵니다(패턴 배본). 가게는 꼭 팔고 싶은 책은 별도로 사전에 주문하지만, 필요 없는 책도 동시에 들어오므로 그런 것은 한 번도 진열하지 않고 팔리지 않은 책과 함께 반품합니다. 매일 중개인의 트럭이 오가며 많은 책을 내려놓으면서 동시에 많은 반품을 회수해 갑니다. 그리고 달에 한 번씩 모두 정리해서 입하와 반품의 차액을 중개인이 서점에 청구합니다.

많은 예외가 있지만, 대충은 이런 대규모 시스템으로 유통을 운영합니다. 덕분에 우리는 일본 어느 곳의 서점에서나 같은 가격으로 발매된 지 며칠 이내에 책을 살

수 있으며 가게에 없어도 주문하면 며칠 내에 거의 책을
살 수 있습니다.

다른 업계에서 일하는 분은 이해하시리라 생각하
지만, 이것은 출판업계의 독자적인 꽤 특수한 시스템입
니다. 업계의 극히 일반적인 소매점은 여러 업자와 개
별로 조건을 교섭해서 자신이 위험을 안고 물건을 모두
사서 재고가 남으면 할인 판매합니다. 그것과 비교하면
서점은 재고 위험이 없는, 상품 발주와 관리 비용이 낮
은 장점이 있습니다. 그러나 그만큼 이익률이 다릅니다.
예를 들면 의류와 잡화는 사입 상품이라도 판매 가격의
40~50%, 오리지널 상품은 그 이상의 이익을 얻을 수
있지만, 서점은 20% 정도의 이익밖에 얻지 못합니다. 중
개인이 몇 퍼센트를 가지고, 남은 것은 출판사의 몫입니
다. 그만큼 책이라는 상품은 다른 상품과 비교하면 원가
보다 상대적으로 싸게 손에 넣을 수 있는 소비자에게 착
한 상품이라고 말할 수 있습니다.

이런 유통 시스템의 위에 있는 것이 이른바 출판업계입니다. 이것이 가능한 것은 독점금지법 적용 제외 때문입니다만 그 이유는 책이라는 상품, 책에 적힌 지혜와 정보가 부수가 적다고 해서 반드시 중요하지 않은 것은 아니기 때문입니다. 만약 책이 일반적인 원리에 맞춰 매상 중시의 가격 경쟁을 하면 많은 사람이 읽을 책만 만들어 극히 소수의 전문가만 필요로 하는 연구서는 유통되지 못할 것입니다. 그러한 사태를 피해 다양성을 담보하면서 일본 전국 곳곳의 서점에 골고루 가능한 한 싸고 빠르게 지혜와 정보를 보내고 싶다는 이상과 함께 이런 대규모의 특수한 유통 시스템이 만들어진 것입니다.

대규모의 특수한 시스템 벽을 뛰어넘다

이 시스템에 대해서 시바노 교코 씨의 《서가와 평대》(고분도, 2009년)라는 책에 자세히 나와 있습니다만, 메이지 시대 이후 나타난 잡지 중개인이 기원으로, 원래는 달랐던 잡지와 서적의 유통이 서로 합쳐져 일본 독자적으로 진화했습니다. 그러나 한편 어느 시대의 아름다운 이상을 바탕으로 완성된 시스템이기 때문에 테두리를 벗어나 다른 것을 하려고 하면 바로 그 순간 장애물이 나타납니다.

앞에서 말했듯이 제 일 중의 하나는 의류와 잡화점, 인테리어 가게 등, 다른 업종의 소매점에 책을 파는 장소를 만드는 것입니다. 그곳에서는 옷과 잡화와 가구라는 상품과 책이 같은 장소에 있습니다. 출판유통의 테두리를 사용해 중개인으로부터 새책을 받으면 세 가지 큰 벽에 부딪히게 됩니다.

첫 번째는 상품 관리의 벽입니다. 예를 들면 작은 옷가게에서는 가게에 진열하는 것은 기껏 100가지 전후의 상품입니다. 입고 시스템에 따라 다르지만, 예를 들면 100개의 제품번호에 크기라든가 색상이라든가 끈을 붙여 각각 여러 재고를 갖고 있습니다. 그런데 작은 선반 하나분의 시스템에 상품으로 등록하는 작업은 옷가게의 규모로 보면 비상식적입니다. 게다가 책은 발주해도 언제 도착하는지 알 수 없고, 처음 발주했던 숫자 그대로 오지 않는다거나, 가게 문을 닫은 밤이나 이른 아침에 트럭이 와서 멋대로 물건을 놓고 간다거나, 납품 데이터를 디지털로 공유하지 않거나, 청구는 반품 금액을 상쇄해서 명세서가 없다거나……, 원래 서점에 맞춰 특화되어 있으므로 열거하자면 끝이 없을 정도로 거래 방식이 다르며 어느 부분은 특히 너무 옛날 방식이기도 합니다. 물론 중개인에 따라, 소매점 규모에 따라 어디까지 대응할 수 있는가 하는 사정은 개별적으로 다릅니다. 하지만 우선 이런 차이를 인정한 후에 어떻게 할 것인지를 조율해야만 합니다.

두 번째는 이익률의 벽입니다. 매일 나오는 신간을 계속 판매하고, 계속 반품한다는 전제가 있어서 서점은 20%의 이익이라도 낼 수 있지만, 다른 업계의 판매 방법으로 본다면 이익률이 너무 낮아서 거의 돈이 되지 않습니다. 이익률이 40%인 것이 당연하고, 물건에 따라 70~80%인 경우도 있는데, 책은 매절로 사들여 시기가 오면 할인하여 상품을 처리하여 반품해도 20%밖에 이익이 나지 않는 상품이 들어옵니다. 애초에 비즈니스 형태가 다르므로 무리도 있습니다. 원가율이 다른 이상, 어느 정도 중개인과 출판사와 교섭해도 이것만큼은 어쩔 수가 없습니다. 이런 책이라는 상품에 옷과 잡화와 똑

같은 제품번호를 붙여 관리하면서 하루나 주간, 월간 매상 데이터만으로 다른 상품과 비교하면 책이 이길 가능성은 전혀 없습니다. 단기적인 이익이 아니라 브랜딩이나 고객 서비스 등 다른 목적과 목표를 설정하지 않으면 평가가 나지 않습니다. 단순히 이익을 위한 것이 아니라 결과적으로 무언가를 위해 책을 취급할 것인가, 확실히 밝힌 후에 관계자로서 목표를 공유할 필요가 있습니다.

그리고 마지막 세 번째는 보증금의 벽입니다. 중개인은 서점에 상품을 위탁하면서 만에 하나의 경우 회수할 수 없을 때를 대비하여 서점에 폐업 시 보증금을 요구합니다. 이른바 빌려준 물건債貨物件에 대한 보증금 같은 것이지만, 이것도 대량으로 위탁 상품을 유통하는 것을 전제로 한 특수한 관습이므로 소매상 쪽에서는 왜 그런 돈을 내야 하는지 이해가 안 가는 것입니다. 확실히 서로의 이해를 얻어 현실적인 합의점을 찾는 것이 필요합니다.

이렇게 다른 시스템과 관습의 격차를 이해하지 않으면 다른 업종의 소매점에서 책을 판매할 수 없습니다. 타협할 수 없을 때는 출판사와 직접 거래하거나 헌책을 중심으로 판매하는 등 대형 중개인을 사용하지 않는 방법을 제안합니다. 그러나 이것도 어디까지나 일례입니다. 조금이라도 출판유통의 테두리를 벗어나기 위해 시도해 보면 반드시 이처럼 무언가의 벽에 부딪힙니다. 셀렉트와 코디네이트라는 창조적이면서도 재밌어 보이는 일이라고 여겨지지만, 실제로는 이런 벽을 어떻게 뛰어넘어, 어떻게 격차를 메울 것인가 하는 시시한 작업이 대부분을 차지합니다. 그다음에야 조금씩 서점 이외에도 책이 있는 장소를 늘릴 수 있습니다.

출판유통의 외부에도
책은 있다

2013년 현재, '출판사 – 중개인 – 서점'으로 이루어지는 출판유통 시스템이 업계의 중심인 것은 틀림없지만, 한편으로 여기에 포함되지 않고 외부에서 유통하고 있는 책도 많이 존재합니다. 몇 가지 예를 들어보겠습니다.

우선은 헌책입니다. 헌책방은 옛날부터 있었지만 '북오프(일본 최대 헌책방)'를 시작으로 새로운 헌책방이라고 불리는 업태가 큰 판매력을 갖으면서 인터넷에서 헌책을 매매하고, 특히 아마존 마켓 플레이스가 일본에 상륙하면서 '출판사 – 중개인 – 서점'의 비즈니스에서 예전부터 있던 헌책방에도 직접적인 타격을 주었습니다. 북오프가 생기면서 신간 서점이 무너지고, 아마존 마켓 플레이스에서 산 가격으로 되팔면서 출판한 지 그리 오래되지 않은 책의 매상이 떨어지는 일이 빈번히 발생하면서 헌책방도 타격을 받았습니다.

동시에 헌책방에서는 지금까지 긴 세월의 수업을 통해 배워야 했던 가격을 붙이는 작업이 풋내기라도 인터넷의 가격을 기준으로 할 수 있게 되고, 북오프 등에서 사들일 수 있게 되면서 진입 장벽이 내려가 가격 경쟁도 치열해졌습니다. 새책은 정가 판매가 의무이지만, 헌책은 가격을 자유롭게 매길 수 있고, 중개인과의 계좌 개설처럼 큰 수고와 돈을 들이지 않고 헌물건상허가만 취득하면 취급할 수 있어져 저도 '북 픽 오케스트라' 시절부터 하던 여러 실험을 쉽게 할 수 있었고, 의류와 잡화 가게 같은 다른 업종의 소매점에도 도입하기 쉬워졌습니다.

신간이지만 중개인 유통을 통하지 않은 여러 가지 종류의 예를 들어보겠습니다. 가장 시장이 큰 것은 만화·애니메이션·게임 등과 관련된 동인지입니다. 리틀 프레스와 진ZINE이라고 불리는 책자도 통칭과 무리는 다르지만, 개인과 그룹이 자주적으로 만들어 판매한다는 의미는 비슷합니다.

또한, 많은 사람에게 친숙한 출판유통을 거치지 않은 책 중 가장 두드러지는 것은 미술관 등이 발행하는 전람회 도록입니다. 최근에는 출판사와 협력하여 만들어 서점에 진열하는 경우도 있지만 대부분 전시회장에서만 판매합니다. 한편, 넓게 유통되는 것은 아니지만, 사사, 지역 자료, 연구 간행물 등도 공공도서관과 대학도서관의 소장 대상이 되므로 책으로 넓게 인지되고 있다고 할 수 있습니다.

그밖에 최근에는 '트랜스 뷰'와 '디스커버리 21', '미시마샤' 등을 필두로 이른바 중개인을 통한 출판유통과는 전혀, 혹은 거의 거치지 않은 채 서점과 직접 거래하는 출판사도 증가하고 있습니다. 동시에 'PLANCTON'

과 'BOOL PEAK'처럼 본업이 출판이 아닌 디자인 사무소와 편집 프로덕션, 의류 브랜드 등이 출판사가 펴내는 것과 동등한 혹은 그 이상의 수준 높은 책을 만들어 극히 한정된 서점과 직접 거래해서 파는 사례도 늘어나고 있습니다. 이런 모든 것들의 공통점은 자신이 팔고 싶은 곳에서 팔겠다는 생각입니다. 출판유통을 통하는 것은 장기적인 출판 계획과 어느 정도의 발행 부수가 필요합니다. 그러나 처음부터 전달하고 싶은 사람의 이미지가 있다면 전국 서점에 넓게 배포하는 것이 반드시 효율적이라고 할 수 없습니다.

계속해서 수입 책이 있습니다. 수입 책은 국내서와 달리 정가 판매의 의무는 없습니다. 수입품이라서 환율에 따라 가격이 변하기 때문입니다. 또한, 대형 총판에서 사들일 수 있지만, 수입 책을 전문으로 취급하는 작은 중개인도 있으므로 소량이라도 시작할 수 있고, 팔고 남은 것은 세일할 수 있습니다. 의류와 잡화점 등에서 해외 아트 북을 파는 것은 보기에도 좋지만, 국내서보다 유통하기 쉽다는 사정도 있습니다.

전자책도
모두의 것으로

지금까지 계속 종이책 이야기를 했지만, 요즘에는 전자
책도 있습니다. 우선, 출판사에서 이전에 낸 책과 지금
낸 책을 디지털 판으로 출판한 것이 있습니다. 아마존에
서 운영하는 킨들 스토어를 필두로 애플리케이션을 통
해 여러 가지 단말기로 읽을 수 있도록 전자 회사가 만든
단말기와 일대일로 조건이 붙어 있는 것, 브라우저를 베
이스로 사용해 웹에서 읽을 수 있는 것 등 여러 가지 종
류가 있습니다. 현재는 스토어, 스토어에서 도매하는 전
자책 중개인, 데이터 변환을 하는 업자, 여러 회사가 난
립하는 상태로 그중 몇 가지에서 판매할 것인가 하는 것
이 대강의 줄거리입니다. 출판 시장 전체가 2조 엔인데

전자책 시장은 729억 엔으로 아직 일부이지만 2017년에는 2,400억 엔을 달성할 것으로 예상합니다(인터넷 미디어 총합연구소《전자책 비즈니스 조사보고서 2013》). 한편, 아직 전자책으로 손에 넣지 못한 것을 이미 종이로 갖고 있으면서 디지털로 읽고 싶은 독자는 직접 종이책을 재단해서 스캔하여 디지털화합니다. 이것을 '자취(한국에서는 북스캔)'라고 부르며, 그 수고를 대행하는 스캔 업자도 '북 스캔'을 비롯해 많이 있습니다.

그리고 종이와 디지털 판이 모두 존재하는 것과는 별개로, 디지털 판만 출판하는 것도 있습니다. 이쪽은 출판사가 잡지 기사 등을 독자적으로 재편집한 것부터 웹 서비스 사업자가 콘텐츠를 재편집한 것, 개인이 블로그를 정리한 것까지 정말 각양각색입니다. 특히 개인이 만든 것은 셀프 퍼블리싱이라고 부르며, 아마존의 KDP(킨들 다이렉트 퍼블리싱)를 필두로 'Puboo'와 'BCCKS' 등 브랜드 플랫폼도 독자적인 문화권을 형성하고 있습니다. 종이, 인쇄와 유통을 위한 큰 자금이 필요 없어지면서 자신의 책을 내는 것과 작은 출판 레이블을 시작하는 것이 매우 간단한 일이 되었습니다.

덧붙이자면, 원래 전자책과 기존의 디지털 콘텐츠의 경계는 모호합니다. 예를 들면 블로그 기사를 '공개한다'는 것은 영어로 'publish'입니다. 무료 블로그 서비스는 광고로 운영하고 있습니다. 뉴스 사이트와 웹 매거진도 광고와 다른 사이트로의 기사 송신, 부분 유료화 등으로 무료 사이트를 통해 수익을 올리고 있습니다. 한편, 옛날부터 있던 유료 메일 매거진이라는 시스템도 수년간에 걸쳐 개정되어 번성하고 있습니다. 스마트폰의 보급 이후로는 아이폰과 안드로이드 등의 유료 애플리케이션으로 유통되는 콘텐츠도 있으며, 그것들은 게임과 각종 툴과 함께 팔리며 순위를 겨루고 있습니다. 디지털 콘텐츠에 돈을 지급하는 것도 조금씩 일반적인 상황이 되고 있습니다.

이것들은 당연히 모든 종이책 출판유통과는 무관하지만, 출판유통을 거치지 않은 책과 같거나 혹은 그 이상으로 사람들의 생활 속에 흡수되고 있습니다. 사람들이 종이책도 디지털 콘텐츠, 책, 게임을 툴 종류에 관계없이 수용하고 각각에 시간을 할애하는 형상은 이미 당연한 것이 되었습니다.

콘텐츠보다
커뮤니케이션에 열광하는 시대

예를 들면 제가 초등학생이던 무렵에는 공통의 화제는
텔레비전과 게임과 만화였습니다. 모두가 《드래곤볼》
애니메이션을 매주 보고, 줄을 서서 산 '드래곤 퀘스트'
시리즈를 경쟁하며 플레이하고, 〈주간 소년점프〉와 〈주
간 소년매거진〉을 읽고 이야기했습니다. 혹은 어느 시대
까지는 대학생에게 책도 그러했다고 말할 수 있습니다.
누구라도 책을 읽는 것이 당연해서 읽지 않으면 부끄러
운 책이 있고, 그 책을 중심으로 여러 가지 이야기를 나
누었습니다. 많은 사람이 같은 콘텐츠에 열광하고 그것
을 소재로 커뮤니케이션했던 것입니다.

한편, 지금은 커뮤니케이션의 시대라고 말할 수 있

습니다. 2013년 현재, 고등학생이 스마트폰을 가진 이유는 게임과 전자책 등의 콘텐츠를 즐기기 위한 것이 아니고 누구나 사용하고 있는 트위터와 페이스북과 라인 등의 커뮤니케이션 도구를 쾌적히 사용하고 싶기 때문입니다. '젊은이의 글자 이탈'이라고 불린지 오래입니다만, 젊은이가 실제로 읽고 있는 문자 양은 오히려 늘어났습니다. 다만, 그 문자는 책 등으로 패키지화된 콘텐츠 속의 문자보다 다른 사람의 SNS에 적힌 글이나 친구의 메시지 등을 통해 커뮤니케이션하기 위한 문자일 뿐입니다.

　그것에 맞춰서 인터넷상의 콘텐츠도 그 후의 커뮤니케이션을 전제로 한 것으로 이동하며 바뀌고 있습니다. 크게 눈에 띄는 것은 이른바 인터넷 뉴스 사이트에 관한 책 나카가와 준이치로 씨의《웹은 바보와 한가한 사람의 것》(고분샤, 2009년)을 읽으면, 지금의 인터넷 뉴스가 어떻게 SNS와 '2채널' 등의 사용자에게 '이용되는가'

라는 것을 지향해서 만들어지는지 알 수 있습니다. 광고 수입으로 운영되는 무료 콘텐츠가 있는 이상, 가장 큰 비즈니스는 사용자의 접속률을 늘려 돈을 버는 것입니다. 인터넷 비즈니스는 사용자의 접속이 돈을 벌어주기 때문입니다. 때로는 뉴스로써의 중요성과 문장의 완성도가 높아도 어떻게 사용하기 쉬운 '소재'가 돼서 커뮤니케이션을 촉진할 수 있는지가 중요시되는 세계입니다.

모든 인터넷의 콘텐츠가 그렇다고 말하는 것은 아니지만, 책장 서비스와 리뷰 서비스 등의 웹 서비스가 수년간 계속 생겨나는 것도 커뮤니케이션으로 옮겨가는 흐름 속에 있다고 말할 수 있습니다.

그중에서도 많은 사람이 즐겨찾기를 표시한 부분을 알 수 있고, 특정한 부분에 붙은 코멘트를 공유할 수 있는 등, '독자 서로가 책 위에서 커뮤니케이션하면서 독서하는 것'을 총칭해서 '소셜 리딩'이라고 부릅니다. 개인적으로 오랜 기간 주목했습니다. 자세한 것은 나중에

설명하겠지만, 지금까지 콘텐츠로써 종이 위에 갇혀 있
던 책이 넓은 커뮤니케이션의 소재로 열릴 가능성이 생
긴 것입니다.

책은 인터넷에
녹아들고 있다

책은 기존의 출판유통을 중심으로 하면서도, 외부에도 함께 공존하고 있는 것, 새롭게 확장하고 있는 것을 끌어들이면서 큰 변화의 한 가운데에 있습니다.

출판유통 시스템은 가능한 한 일본 전국 방방곡곡에 골고루 다양한 지혜와 정보를 싸고 빠르게 전달하고 싶은 이상을 기반으로 만들었다고 앞에서 이야기했습니다. 그러나 그 이상이 이미 온갖 전자 단말기와 그것을 연결하는 인터넷에 의해서 벌써 실현된 것은 자명한 일입니다.

그런 와중에 출판유통 시스템에서 취급하기 쉬운, ISBN 코드를 붙이고, 뒷면에 바코드가 있는 표지로 싸

고, 종이 상자에 겹쳐 담아도 낡지 않는 인쇄된 종이 다
발만이 책이라고 생각하는 것은 이미 난센스입니다. 출
판업계에서 일하는 기업인이라면 낡은 형태를 고집하는
것은 매우 어리석든가 혹은 현실로부터 눈을 피하는 것
일 뿐이라고밖에 말할 수 없습니다.

　한편, 인터넷은 지혜와 정보의 거대한 집적지입니
다. '구글 맵'의 '스트리트 뷰'로 상징되듯 이미 세계의
풍경까지 집어삼켜 참조하는 대상으로 삼고 있습니다.
지금까지 종이책에 적혀 있던 콘텐츠는 이른바 마지막
보루, 가장 최후의 거대한 검토 대상입니다. '구글 맵'이
생각하고 있는 것은 거대한 종이책의 역사, 아카이브를
모두 검색 대상으로 하는 것입니다.

　추상적인 표현이지만, 지금까지 종이로 읽어 온 책
은 가까운 장래에 지금보다 한층 더 '인터넷에 녹아들어
갈' 것으로 생각합니다. 자세한 것은 다음 제3장에서 이
야기하겠지만, 인터넷이 그것을 욕망하고 있는 것이 아

니라, 지금까지 인류의 지혜와 정보의 상징이었던 책이
인터넷을 동경하여 어느 부분을 인터넷 속에 빨리 녹이
고 싶어 한다고 느낍니다. 그리고 저는 그것을 비관하
지 않습니다.

　제가 생각하는 것은 그러한 전제를 세운 위에, 변화
의 한 가운데 속에서 책과 관여해 나가는 것입니다. 팔
거나 사거나, 빌려주거나 빌리거나, 읽거나 읽지 않거
나 하는 모든 것을 즐기는 것. 거기에서 비즈니스를 하
는 사람, 개인적인 과외활동을 하는 사람과 함께 미래
에 어떠한 가능성을 펼칠 수 있을까를 생각하고 싶습니
다. 다음 장에서는 그것을 위한 열 가지 단면을 제시하
려고 합니다.

제3장

—

앞으로의
책을 위한
열 가지 생각

앞으로의 책에 관해서
생각하기 위해

특히, 최근 10년 동안 출판업계와 인터넷업계는 각각 여러 가지 국면을 맞이하여 책을 둘러싼 상황도 그때마다 크게 흔들리고 있습니다. 저는 그 한가운데에 있는 것이 참을 수 없을 만큼 재미있어서 다양한 프로젝트에 참여했습니다. 덕분에 다양한 일을 할 수 있었습니다.

주로 '앞으로 책은 어떻게 될까?', '책의 미래에는 어떤 가능성이 있을까?' 하는 생각을 할 기회가 넘쳤습니다. 지금도 실시간으로 피부로 느끼면서 활동하고 있습니다.

생각한 것을 강연과 대학 강의를 통해 정리해서 이야기할 기회가 몇 번 있었기에 그때마다 조금씩 플래쉬

업하면서 내용을 정리했습니다. 현시점에서는 열 가지
입니다.

1. **책의 정의를 확장해서 생각한다.**

2. **독자의 사정을 먼저 생각한다.**

3. **책을 하드웨어와 소프트웨어로 나누어 생각한다.**

4. **책의 가장 알맞은 인터페이스를 생각한다.**

5. **책의 단위를 생각한다.**

6. **책과 인터넷 접속을 생각한다.**

7. **책의 국경을 생각한다.**

8. **제품으로써의 책과 데이터로써의 책을 나누어 생각한다.**

9. **책이 있는 공간을 생각한다.**

10. **책의 공공성을 생각한다.**

각각 겹치는 부분도 있고 조금씩 연결된 부분도 있
습니다. 이것이 모든 것을 아우를 수 있을지 없을지는 지금은 저도 잘 모릅니다. 또한, 저처럼 변화에 주목하여 생각하고 있는 사람에게는 그다지 새로운 시점도 아닙니다. 하지만, 새로운 아이디어를 생각하는 계기로써는 효과적으로 활용할 수 있을 것입니다. 이 장에서는 열 가지의 예를 하나씩 들어가며 생각을 정리할 것입니다.

카레도
책이다

책의 미래와 가능성에서 꼭 생각해야 할 점의 하나로써, 대전제가 되는 것은 '책의 정의를 확장해서 생각한다'는 것입니다.

특히 전자책이 나온 이후로 책은 정의할 수 없습니다. 이미 출판유통 외부에서는 다양하게 확장되고 있지만, 그 분야에서 무엇인가를 하려는 사람은 우선 자신만의 '이것도 책일지도 몰라', '저것도 책일지도 몰라' 하며 책의 정의를 확장해 나가면서 여러 가지를 시험하고 있다고 제1장의 마지막에서 언급했습니다.

이를테면 저는 유스트림_{Ustream. 라이브 스트리밍 플랫폼}이 일본에서 유행하기 시작한 2010년에 'numabooks talking publishing'이라는 채널을 만들었습니다. 지금은 운영하지 않지만, 오랜만에 둘러보니 채널 설명문에 '토크 부문은 책이다(일지도 모른다)'라고 적혀 있습니다. 당시에는 아직 '책의 정의를 확장해서 생각한다'는 생각에는 미치지 못했습니다만, 기억나는 것은 '파일 형식만 다른 거 아닐까?'라는 것이었습니다.

종이책을 만들 때도 회화가 텍스트가 되고 있습니다.《소크라테스의 변명》과《향연》이라는 그리스 철학의 고전도 대화 형식이며, 출판사 고단사講談社의 이름도 화예의 '강담'에서 유래했듯이 말하는 회화와 쓰는 텍스트의 관계는 꽤 깊은 역사를 가지고 있습니다.

현재 인쇄소로 보내는 마지막 데이터는 문자를 다듬은 '.pdf' '.indd' 등의 데이터지만, 그 전의 원고 데이터와 테이프에 기록한 데이터는 '.doc'와 '.txt'였습니다. 인터뷰를 녹음한 경우에는 '.mp3'와 '.wma'이라는 녹음 데이터, 토크 이벤트 등의 영상을 촬영한 경우에는

'.mp4' '.avi' '.mov'라는 영상 데이터도 존재합니다. 파일들은 컴퓨터의 한 폴더 안에서 줄 세워 정리할 수 있습니다. 그때 회화는 '.mp4'가 '.pdf'가 되는 과정을 통해 '책이 되었다'라고 할 수 있습니다. 적어도 '.pdf'는 대부분의 전자책 리더기에 그대로 넣을 수 있으니, 그것을 보면 많은 사람이 책이라고 말할 것입니다. 그러나 실제로 이야기한 내용은 모두 같으며, 다른 것은 파일 형식과 편집 방법뿐입니다.

그래서 일단 '.mp4'도 책이고, 유스트림 방송도 책이라고 정의해 보자고 생각했습니다. 기획을 세워 의뢰하여 말을 듣는 것까지는 함께이고, 그 시점에서 '이것은 책입니다'라고 확실히 말하면 방송국은 콘텐츠의 가장 살아 있는 상태를 솔직하게 내보낼 수 있는 출판사가 됩니다. 무언가를 생각할 수 있는 힌트가 될 거라는 생각에 'talking publishers'라고 붙인 것입니다.

이 기획을 실행하면서 필요한 기자재와 환경을 알

게 되었고, 사회를 보는 능력도 점점 좋아져 여러 가지로 많은 도움이 되었습니다. 적어도 저는 이것도 출판이며 편집자의 일이라고 느꼈습니다. 제가 B&B라는 신간 서점을 열 때도 이 경험은 매우 큰 도움이 되었습니다. 새로운 미디어와 도구, 플랫폼 등이 생겨나면서 '이것은 책일지도 몰라'라고 포착한 편집자가 있다면 그것을 만들거나, 책방이라면 그것을 팔까 하고 생각해 보는 것에서 항상 발견을 얻을 수 있습니다.

또한, 반대로 새로운 미디어에서 태어난 콘텐츠가 후에 종이책이 되는 경우도 자주 있습니다. 저의 첫 책인《책의 미래를 만드는 일/ 일의 미래를 만드는 책》은 2009년 3월에 발매되었지만, 당시 '트위터에서 떠든 것을 서적화 하는 일이, 제가 알고 있는 한 지금은 없지만, 이제 슬슬 나올 무렵이죠'라고 썼습니다. 2013년이 된 지금, '트위터에서 떠는 것을 서적화'하는 것은 당연해졌고, 모두 140자라는 제한 아래 쓰인 것으로 이전의 책에는 없는 독특한 감촉이 있습니다. 예를 들면 요코오 다다노리 씨의 《트위터, 그 잡념의 쓰레기통》(가쿠가와쇼텐, 2011년)은 훌륭한 책으로, 여담이지만 요코오 씨가 종이에 쓴 것을 어시스턴트 분이 트위터에 올린 것입니다. 이것은 새롭게 등록한 미디어가 이미 예전의 종이책으로 확장된 것의 좋은 예임과 동시에 새로운 미디어 자체(이 경우라면 트위터의 타임 라인)가 애초에 '책이다'라고 말할 수 있다는 것을 나타내고 있습니다.

만드는 사람에 한정된 이야기는 아닙니다. 예를 들면 산세이도 서점三省堂書店에는 '카레가 되는 서가'라는 일본 전국 지방의 레토르트 카레가 현별로 진열된 서가가 있습니다. 레토르트 카레 상자는 딱 책과 비슷한 크기이고, 측면에도 상품명이 적혀 있는 경우가 많아서 선반에 꽂혀 있어도 판별할 수 있습니다. 레토르트라면 며칠이고 보관할 수 있으므로 서점은 책에 가까운 느낌으로 판매할 수 있는 상품의 하나입니다.

실제로 산세이도 서점이 어떻게 이 실험에 이르렀는지는 알지 못하지만, 지금까지 적어온 문맥에 맞춰서 설명한다면, 책의 정의를 '출판유통을 통하는 것'에서 '서가를 채우는 것'으로 확장했다고 보고 '카레도 책(같은 것)이다'라는 지점에 이르렀다는 식으로 표현하는 것도 가능합니다. 카레에 관한 책은 물론 현별로 진열하기 위해 여행 책도 함께 섞어 진열할 수 있으므로 메인 상품인 종이책의 매상과도 연결할 수 있습니다.

이처럼 책을 좁은 정의로 한정하지 않고 이것도 책일지도 모른다고 생각하는 것이 앞으로 책의 일을 하는 데 대전제가 된다는 것은 몇 번을 말해도 부족할 정도로 중요합니다.

좀 더 읽고 싶어서
스캔한다

두 번째로 생각하는 방법은 독자의 사정을 우선으로 생
각하는 것입니다.

제2장에서 말했듯이 출판업계는 다른 업계와 비교
하면 꽤 특수한 유통 시스템을 가지고 있습니다. 또한,
저작물을 만들고 있어서 권리를 둘러싼 여러 가지 법률
이 존재합니다. 당연히 지금까지 책으로 비즈니스를 해
온 사람들은 모처럼 만든 비즈니스 모델을 부수고 싶지
않으며, 가진 권리를 지키고 싶다고 생각합니다. 그러므
로 앞으로 책의 일을 시작하려면 혹은 출판업계 속에서
변하고 싶다면 '출판업계에서는 사정이 있어서 간단하게
할 수 없는 것'에 도전해서 손님에 해당하는 '독자의 사

정'을 우선으로 생각하는 방법이 유효합니다.

예를 들면 책을 읽으면서 직접 선을 긋거나 글씨를 쓰거나 합니다. 포스트잇을 사용하는 사람, 메모와 노트를 사용하는 사람도 있겠지만, 어쨌든 마음에 든 부분을 기억하고 싶어서 생각한 것을 기억하려는 마음은 많은 독자의 공통점입니다. 그런 '독자의 사정'에서 보면 전자책의 텍스트는 당연히 복사와 붙이기copy&paste가 가능해서 여러 가지 툴이 필요합니다. 복사와 붙이기가 안 된다면 디지털 텍스트의 의미가 없다고 해도 과언이 아닙니다. 웹사이트 세계에서는 복사와 붙이기를 할 수 없는 텍스트는 이미 '불편'을 넘어 '취향이 나쁘다', '시대에 늦다'는 평을 듣고 있습니다.

그렇지만, 이른바 전자책 세계에서는 저작권 배려 때문에 복사와 붙이기를 할 수 없는 디지털 텍스트가 아직도 만연하고 있습니다. 물론 지금은 SNS에서 공유할 수 있는 것이 늘어나고 있지만, 그것도 글자 수가 한정되어 있습니다. 예를 들면 아마존 킨들에서는 한 번 하이라이트라는 형태로 선을 그으면 브라우저가 그것을 정리해서 볼 수 있는 페이지로 이동해서, 첫 복사와 붙이기가 가능하지만, 킨들 애플리케이션으로 직접 '에버노트' 같은 메모 애플리케이션에 텍스트를 복사할 수 없습니다.

출판사가 두려워하는 것은 인터넷에 전문을 그대로 복사한 이른바 해적판이 유통되는 것입니다. 확실히 저자의 권리를 지켜야 하는 출판사의 입장에서는 지키지 않으면 안 되는 사정도 있습니다. 그러나 이것은 앞에서도 말했듯이 디지털 텍스트가 처한 현실에 맞지 않습니다. '독자의 사정'을 우선으로 하고 블로그나 트위터에도 자유롭게 복사할 수 있으며, 그것으로부터 화제가 되고, 논의가 발전해 가는 것을 지향하는 서비스를 제공하는 쪽이 책의 즐거움도 넓히고 최종적으로는 책의 매상과 연결됩니다. 이렇게 생각하는 쪽이 인터넷 상식에서는 자연스럽습니다.

시간이 걸릴지도 모르지만, 어쩌면 복사와 붙이기를 할 수 없는 전자책은 도태되어 파일이 DRM(디지털 저작권 관리)로 보호되는 일도 사라지고, 전자책 스토어의 경계도 없어지고 포맷도 통일될 것으로 생각합니다. 그러는 편이 독자에게 유리하기 때문입니다. 음악 CD의 CCCD(카피 콘트롤 CD)가 무너진 것이 아직 기억에 남아 있듯, 콘텐츠가 과잉으로 보호받으면서 본질적인 가치가 손상된 것 같은 형태는 오래 지속되지 않습니다. 전자책 시장은 기존의 출판사 이외의 플레이어에게도 넓게 열려 있으므로 속박이 없는 새로운 플레이어가 자유로운 서비스를 만들면서 조금씩 변해갈 것입니다.

비슷한 이야기로 '자취(북스캔)'를 대행하는 업자가 저작권 법상의 사적복제 범위를 넘어선 것이 아닌가 하는 것이 출판업계에서 문제시된 사건이 있었습니다.

현행법과 비교해서 적법이라고 말할 수 있는지 어

쩐지 새로운 업계 단체 등도 만들어졌습니다. 이 논의가 앞으로 어떻게 수습될 것인지는 본질에서 벗어나 있지만, 스캔 대행이라는 서비스는 장서가 너무 늘어나서 곤란한 '독자의 사정'에서 나온 것입니다. 많은 장서를 가진 사람은, 즉 출판업계에 상당한 우량고객입니다.

전자책으로의 진행 속에서도 책을 디지털로 손에 넣어도 종이로 산 책 전부를 디지털로 변환하는 사람은 없습니다. 그러므로 스캔 대행은 전자화가 진행되면 불필요해지는 것이 아니라 일정량의 종이 장서를 가진 사람이 어느 정도 있는 이상은 지속적인 수요가 있는 서비스입니다. 앞으로도 종이책을 계속 사기 위해서, 한정된 서가 공간을 비우기 위해서라도 부득이 스캔하는 사람도 있을 것입니다.

만화책 등을 중심으로 스캔 해적판은 확실히 인터넷에 많습니다. 그러나 재단기와 스캐너로 스스로 '자취'할 수도 있으므로 스캔 업자가 사라져도 해적판이 없어지지 않는다는 것은 자명합니다.

애초에 해적판을 업로드하는 사람이 일부러 돈을 내고 단서가 잡힐지도 모른다는 각오로 외부 업자를 이용하는 사례가 결과적으로 어느 정도나 있을지 매우 의문입니다. 그럼에도 출판업계의 우량 고객이 좀 더 읽고 싶어서 이용하는 스캔 업자를 단속하려는 사람이 있습니다. 이런 사람들이야말로 표면적인 '출판업계의 사정'에 사로잡혀 본질을 오인하고 있으며 '독자의 사정'을 생각하지 않는 출판업계인의 전형이라고 생각합니다.

처음 제2장에서 서술한 것을 포함해서, 출판업계의 특수한 유통 구조는 외부에서 보면 전부 단순히 '출판업계의 사정'에 지나지 않습니다. '독자의 사정'에서 보면 꽃의 종류와 화분 옆에 그것들을 키우는 방법에 관한 책을 팔고 있거나, 신선한 물고기 옆에 생선 요리 레시피를 파는 쪽이 편리하고 즐거우므로 아마 지금까지 몇 번이나 여러 가지 업종의 소매점이 책을 팔려고 생각해 중개인에 연락했을 테지만, 조건이 맞지 않아 실현에 이르지 못한 경우가 대부분이었을 것입니다. 물론 현재의 가격과 이익률로는 어렵지만, 앞으로 책의 일은 그러한 '출판업계 사정'의 외부에서 '독자의 사정'으로 맞춰 나가야 한다고 생각합니다.

'Kindle Store'의 명칭은
판단 실수

세 번째는 책의 하드웨어와 소프트웨어를 분리해서 생각하는 것입니다.

책이 앞으로 어떻게 될 것인가 하는 의논 중에서는 음악업계의 일이 자주 증인으로 소환됩니다. 제1장에도 말했지만, 음악 CD 매상은 1990년대 후반이 정점으로 후에는 내려가고만 있습니다. 모바일 음원시장이 성장했지만, 2008년에 정점을 맞이하고, 아이튠 스토어 등 스마트폰과 PC용 데이터 시장이 착실히 성장하면서 2012년에는 CD 매상도 14년 만에 간신히 전년보다 증가했습니다. 그러나 애초에 음원을 사지 않는 층이 증가하여 페스티벌과 라이브 등 직접 체험하는 쪽에 돈을 내

는 사람이 많아졌다는 것이 정설입니다. 실제로 거리의
CD 가게가 줄었습니다.

책도 앞으로 디지털화가 진행되면서 서점도 거리에
서 사라질 것이라고 말하기도 합니다. 그러나 종이책이
음악 CD와 같은 길을 맞을 것으로 생각하지 않습니다.
가장 큰 근거는 하드웨어/ 소프트웨어입니다.

첫 음성 기록 시스템이 발명된 것은 1857년, 재생
가능한 장치를 에디슨이 발명한 것이 1877년, LP 레코
드가 일반에 보급된 것은 1950년대 후반으로 그 후부터
재생에는 플레이어가 꼭 필요했습니다. 레코드에는 레
코드플레이어, 카세트테이프에는 카세트테이프 플레이
어, CD에는 CD 플레이어, MD에는 MD 플레이어가 필
요합니다. 규격이 바뀔 때마다 듣거나 녹음하기 위해 주
요 하드웨어(=플레이어)를 교체했고, 제공되는 소프트
웨어(=콘텐츠)도 바뀌었습니다. 콘텐츠 재생에는 각각
다른 플레이어가 필요해서 시대와 함께 바뀌어 가는 것

이 음악에서는 당연합니다. 음악이 디지털화된 것은 통신환경이 좋아진 것을 바탕으로 하드웨어가 휴대폰과 MP3 플레이어, 스마트폰, PC 등으로 옮겨간 것이라고 말할 수 있습니다.

그러나 책은 다릅니다. 기원전 2세기 양피지에 손으로 적었던 시대부터 재생을 위한 플레이어를 살 필요가 없습니다. 한 권의 책이 하드웨어(=종이 다발)와 소프트웨어(콘텐츠) 양쪽을 겸비하고 있습니다. 종이라는 하드웨어에 속에는 소프트웨어가 직접 인쇄된 일대일의 관계로 상호불가분의 관계를 만들고 있습니다. 이것은 무엇을 의미하는 것일까요?

우선 첫 번째는 전자책의 보급 속도는 적어도 모바일 음원시장처럼은 되지 않을 것이라고 말할 수 있습니다. 음악은 새로운 하드웨어의 보급에 맞춰 소프트웨어도 변한다는 것에 사람들도 익숙해져 있지만, 책은 누구도 그런 변화를 경험하지 않았습니다. 장소를 차지하지 않는다든가, 몇천 권을 갖고 다닐 수 있다든가 하는 전자 책의 이점을 아무리 나열해도 지금까지 종이 위에 일체화되어 있는 것에 익숙해진 사람이 '별도의 하드웨어를 준비하세요, 소프트웨어는 각각 제공합니다'라는 것을 받아들이는 것은 확실히 장애물이 높습니다. 물론, 지금처럼 출판업계의 종이책 비즈니스 모델이 존속할 것이라고는 생각하지 않지만, 적어도 종이책이 레코드와 CD와 같은 길을 거쳐 서점이 CD 가게처럼 거리에서 사라질 것이라는 주장은 조금 억지라고 할 수 있습니다.

한편, 디지털로 무언가 새로운 책 서비스를 시작하고 싶어 하는 사람은 장애물의 높이를 확실히 파악한 후에 어느 하드웨어로 어떠한 소프트웨어를 어떻게 보내느냐는 것을 제대로 조리 있게 분리하여 생각하는 것이 중요합니다. 예를 들면, 2013년 현재, 일본경제BP日經BP 컨설팅의 조사에 따르면 스마트폰의 보급률은 28.2%로 매년 증가하고 있습니다('휴대폰 · 스마트폰 "개인용" 실태 조사 2013'). 총인구와 비교하면 적게 느껴질지도 모르지만, 도심에 사는 사람은 이미 대다수가 스마트폰을 사용하고 있는 것을 전차 안 등에서 많은 사람이 실감하고 있을 것입니다.

스마트폰으로 책을 읽을 수 있다는 것은 적어도 '책이 될 것'을 늘 몸에 지니고 걸어 다니는 사람이 증가한다는 것입니다. '별도의 하드웨어를 준비하세요'라는 말을 계속하면서 '당신이 이미 가진 스마트폰도 OK입니다'라는 말을 할 수 있습니다. 그런 와중에 지금 하드웨어(=스마트폰)를 사는 것이 누구이고, 원하는 소프트웨어(=콘텐츠)가 무엇인가를 생각하는 것은 일상적으로 서점을 방문하는 사람보다 훨씬 큰 숫자의 잠재적인 '독자'를 눈앞에 두고 있는 것이므로 이 기회를 활용해야 합니다.

예를 들면, 아마존 킨들에서 산 책은 아이폰과 안드로이드 등의 스마트폰의 애플리케이션에서도 읽을 수 있습니다. 결국 전용 하드웨어를 사지 않아도 킨들을 사용할 수 있고, 게다가 '당신이 이미 가진 스마트폰도 OK입니다'라는 상태이지만, 그것을 인식하지 못한 스마트폰 사용자가 사실은 많은 것 같습니다(〈TheWave〉 유카와 쓰루아키 씨, 2013년 6월 30일 기사). 킨들을 즐기려면 전용 하드웨어가 필요할 것이라고 믿고 있습니다. 그 원인은 킨들이라는 이름이 하드웨어 이름으로써 널리 노출되어 인식되었고, 그래서 소프트웨어(=콘텐츠)를 사는 애플리케이션에 '킨들 스토어'라는 이름을 붙이게 되었다고 생각합니다.

　이것이 예를 들면, '아마존 디지털 북 스토어'라는 이름이었다면, 킨들을 전용 하드웨어 이름이라고 생각하는 사람에게도 '내 스마트폰으로도 살 수 있구나'라며 여러 분야나 용도로 널리 쓸 수 있다는 것을 느낄 수 있었겠죠. 아마도 서비스 전체의 총칭인 '킨들'이라는 브랜드의 위상에 집착한 것이라고 상상할 수 있지만, 이것은 아마존의 판단 실수라고 할 수 있습니다. 물론 다른 목적과 사정이 있을지도 모르므로 제 말이 맞는다고는 말할 수 없지만, 적어도 책 하드웨어와 소프트웨어를 나누어 생각해 보면 이렇게 현상을 분석할 수 있습니다.

최첨단의 디지털은
'검색'

네 번째 생각은 책에 가장 알맞은 인터페이스를 생각하는 것입니다. '인터페이스'는 영어로 '접촉면', '이면'이라는 의미지만 최근에는 프로그램이 데이터를 처리하는 순서와 형식, 컴퓨터가 사람에 대해서 정보를 표시하는 방식, 혹은 반대로 사람이 컴퓨터에 정보를 입력하는 방식 등을 가리키는 넓은 의미로 사용하고 있습니다. 이 책에서는 콘텐츠가 사람에게 어떻게 표시되어 제공되는지, 혹은 어떻게 사람이 연관되어 있는지, 콘텐츠와 사람과의 사이를 중개하는 방식이라는 의미로 사용합니다.

가장 알맞은 미디어와 인터페이스는 콘텐츠에 따라 다릅니다. 책 전반에서 일괄적으로 종이가 좋은지, 전자책이 좋은지 이야기하는 것은 난센스입니다. 앞으로의 책을 생각할 때 콘텐츠에 알맞은 미디어를 선택해서 콘텐츠에 최적화한 인터페이스를 설계해야만 합니다.

지금까지 종이였던 것이 전자화된 예로 먼저 사전을 들 수 있습니다. 이른바 전자사전입니다. 전자책에 전자사전을 대개 포함하지 않지만(전자사전은 전자서적과는 달리 처음부터 하드웨어와 소프트웨어가 일체화되어 있으므로 가전제품처럼 보일 수도 있겠죠), 종이책이 전자화된 것은 틀림없습니다. 왜 사전이 가장 먼저 전자화에 성공한 것인가 하면 사전이란 콘텐츠는 종이보다 더 적당한 인터페이스를 디지털로 만들 수 있기 때문입니다.

사전은 기본적으로 앞부터 순서를 따라서 읽지 않고 찾고 싶은 것을 검색합니다. 페이지에 히라가나 50음 순서대로 항목을 나열하여 페이지 옆에 분류가 보이도록 인쇄하여 손가락을 넣기 쉽게 홈을 넣은 종이 사전의 인터페이스는 종이로 할 수 있는 최대한입니다. 그러나

디지털은 찾고 싶은 단어를 입력하여 검색 버튼만 누르
기만 하면 되는 인터페이스를 실현했습니다. 적어도 특
정 문자열을 '검색하고 싶다'면 종이보다 디지털이 적당
합니다.

또한, 엔터테인먼트 분야에서는 좀 더 예전에 비슷
한 것을 만들었습니다. 페이지를 순서대로 읽지 않고, 선
택지에 따라 다른 스토리를 선택할 수 있고, 다음에 읽을
페이지를 '검색'하여 읽을 수 있는 '게임 북'이라고 부르
는 책이 과거에 있었습니다. 게임 북은 가정용 게임기의
보급과 함께 쇠퇴했다고 합니다. 선택지를 결정하고 다
음 페이지를 뛰어넘고 페이지를 직접 넘겨 '검색하는' 종
이 게임 책보다 선택지를 선택하면 스스로 다음 단계로
진행하는 디지털 가정용 게임 쪽이 인터페이스로써 우
수하기 때문입니다.

조금 이야기가 돌아갔습니다만, 게임은 넓은 의미
로 책이라고 말할 수 있습니다. 저와 동 세대 남성에게는

많을 거로 생각하지만, 초등학생 시절 공책에 RPG 같은 게임을 그리면서 플레이한 기억이 있지 않습니까? 초등학생인 우리는 최초로 가정용 게임기로 체험한 디지털 게임을 자연스레 '종이로도 플레이할 수 있지 않을까'라고 생각해서 실천에 옮긴 것입니다. 생각해 보면, 카드 게임과 보드 게임도 종이로 할 수 있는 것이 많습니다. 물론 게임기 이전의 게임이 전부 종이였던 것은 아니지만, 아날로그였기 때문에 게임과 책은 원래 꽤 가까운 존재였다고 말할 수 있지 않을까요? 이렇게 생각하면 애초에 게임은 처음부터 넓은 의미로 책이며, 단지 인터페이스가 디지털로 바뀌어 상당히 빨리 전자화된 것이라고 할 수 있습니다.

인터넷과 '선전', '판매'
그리고 '공유'

우선 처음으로 종이에서 디지털로 이동한 것은 사용자가 '검색'할 수 있는 콘텐츠였습니다. 콘텐츠는 더욱 좋은 인터페이스를 제공한 미디어로 옮겨갑니다. 사전과 게임 같은 콘텐츠는 인터넷 이전부터 종이보다 디지털 쪽이 더욱 알맞은 인터페이스를 제공한 것입니다.

그 후, 1990년대에 들어서면서 인터넷이 보급되었습니다. 그에 따라 사전과 게임 이외에도 지금까지는 종이에 알맞았던 콘텐츠 일부도 큰 디지털로 이동했습니다. 취급하는 대상이 단말기 안의 한정된 정보부터 인터넷에 널리 퍼져 있는 막대한 정보로 이동했기 때문입니다. 그중에서도 가장 큰 변화는 사용자가 '검색하고 싶다'고 찾고 있는 한편, '선전하고 싶다', '팔고 싶다'는 쪽 이라는 유형의 콘텐츠도 생겨났습니다.

예를 들면, 영화 정보입니다. 지금 상영하는 최신 영화는 어떤 것이 있고, 어떤 영화관에서 어떤 시간표로 상영하고 있는가 하는 정보는 지금까지는 대다수 사람 이 〈피아(영화 정보 잡지)〉 등의 종이 정보지를 통해 입수 했습니다. 그러나 인터넷 이후로는 이러한 정보는 인터 넷에서도 충분히 알 수 있게 되면서 종이 정보지는 모두 휴간했습니다. 왜냐하면 영화제작 쪽이나 영화관도 영 화가 상영되고 있는 정보를 '선전하고 싶다'고 생각하기 때문입니다. '선전하고 싶다'고 생각하니까 가능한 사용 자에게 편리한 인터페이스를 궁리해서 인터넷에 정보를 무료로 진행해서 게재합니다. 한편, 광고 수입으로 이루 어지는 구글 같은 사이트도 접속 수를 높이기 위해서 사 용자에게 정보를 알기 쉽게 정리해서 제공합니다. 정보 지는 그 역할을 인터넷에 빼앗긴 것입니다.

영화뿐만 아니라 가게 정보지와 부동산 정보 등, 많은 사용자가 요구하는 동시에 '선전하고 싶다'고 생각하는 쪽이 있는 정보는 가장 먼저 인터넷으로 이동했습니다. 동시에 상품 카탈로그 등 직접 상품을 '판매하고 싶다'는 쪽이 제공하던 정보는 아마존으로 대표되는 전자상거래 사이트에 게재하여, 직접 인터넷을 통해서 판매하게 되었습니다. 또한, 상품을 소개하고 구매로 연결하면 보수를 지불하는 '제휴 마케팅'이라는 시스템의 발명에 따라 상품을 '선전하고 싶다'고 생각하는 사이트가 대량으로 증가하여 각양각색의 상품 정보가 인터넷상에 충실해졌습니다.

또한, 반드시 기업이 '선전하고 싶다'는 것뿐만 아니라 인터넷 사용자가 '공유하고 싶다'고 생각하는 정보가 인터넷상에 넘치게 되었습니다. 대표적인 예가 '쿡패드(개인이 요리 레시피를 올리는 사이트)' 등의 사이트에 게재된 요리 레시피입니다. 어떤 요리를 맛있게 만들어 그

요리를 많은 사람에게 맛보게 하고 싶다면 사용자는 레시피를 '공유하고 싶다'고 생각해서 투고합니다. 서비스 제공자 쪽에게 중요한 것은 '공유하고 싶다'는 마음에 응할 수 있는 쾌적한 인터페이스입니다. 장대한 레시피 데이터베이스 속을 '검색하고 싶은' 사용자가 요리 이름은 물론이고 냉장고에 남아 있는 음식재료까지 검색할 수 있는 '쿡패드'의 인터페이스는 일상 요리에 큰 편리함을 선사했습니다.

책이 라이브의
'체험'이 되다

그리고 또 하나, 종이에서 디지털로 크게 옮겨간 분야가 있습니다. 바로 지도입니다. 인터넷과 GPS 기능이 달린 모바일 단말기의 보급이 배경입니다. '구글 맵'으로 대표되는 웹 서비스 보급으로 지도는 종이보다 한층 언제 어디서나 가볍게 볼 수 있습니다. 게다가 GPS가 달린 단말기 보급에 따라 지금 자신이 지도상에서 어디에 있는지, 종이 지도로는 시간이 걸리던 일을 재빨리 알 수 있습니다. 인터넷 이전부터 자동차 전용기, 이른바 자동차 내비게이션은 보급되었지만, 지금은 자전거와 자동차에 아이폰과 아이패드 등을 탑재하기 위한 부속품을 팔아서 자동차 내비게이션은 점점 사라지고 있습니다(전에 독일

프랑크푸르트 북 페어에 갔을 때, 현지의 택시는 모두 아이폰을 내비게이션으로 탑재하고 있었습니다).

이런 움직임을 배경으로 한층 더 전자화가 진행될 것은 GPS를 탑재한 단말기에서 사용자가 체험하고 싶다고 느끼는 유형의 콘텐츠입니다.

예를 들면 여행 가이드입니다. 지금까지 여행 콘텐츠는 관광지의 지방 자치단체와 여행사에서 제공하는 '선전하고 싶다'는 콘텐츠이면서 동시에 사용자들이 체험을 '공유하고 싶다'는 콘텐츠였기 때문에 인터넷에 많은 정보가 있었습니다. 그러나 GPS를 탑재한 단말기로 실제 그 장소에서 무언가를 '체험하고 싶다'고 느낄 수 있는 콘텐츠를 지도와 연동할 수 있다면, 방에서 컴퓨터로 보는 것과는 달리 실제로 사용자를 그 장소로 안내할 수 있습니다.

앞에서 이야기했듯이 음악업계는 연주를 녹음한 콘텐츠부터 콘서트와 페스티벌에 이르는 라이브 공연이 중심인 비즈니스 모델로 이동하고 있습니다. 만약, 음악에서 '라이브'에 해당하는 것을 책에 대입한다면 작가의 시와 소설 낭독이겠죠. 물론, 라이브보다 널리 퍼져 있는 문화는 아니라 아직 시장 규모는 작습니다. 곡은 원래 연주하는 것이 패키지이지만, 책은 낭독하는 것이 패키지는 아닙니다. 묵독을 전제로 쓰기 때문에 듣는 행위는 체험의 의미가 전혀 달라서, 책을 읽는 것과는 다른 콘텐츠가 되기 때문입니다.

인터넷과 GPS를 탑재한 모바일 단말기를 많은 사람이 갖고 다니는 이상, '체험하고 싶다'고 느끼는 콘텐츠는 사람의 행동과 직결됩니다. 앞에서 이야기한 여행 가이드, 식도락 가이드 같은 콘텐츠는 '간다'든가 '먹는다'라는 '체험'을 콘텐츠화한 것으로 실제의 행위와 연결하기 쉽습니다. 한편, 일부의 소설과 만화 · 애니메이션 등처럼 실제로 존재하는 장소를 무대로 그리는 행위는 '성지순례'로 불리며 특히 애니메이션에서는 거리 활성화의 목적으로 콘텐츠 제작 쪽과 지자체 단체가 서로 협력하여 기획한 것이 최근 몇 년간 증가했습니다.

그런 콘텐츠는 단지 장소로 사람을 유도하는 것만이 아니라, 실제로 그곳에 방문하지 않으면 다운로드 받을 수 없는 특별한 콘텐츠와 커뮤니케이션 도구를 준비하는 것이 가능합니다. 예를 들면, 식도락 가이드는 실제로 음식점에서 로그인한 사람만 별점과 코멘트를 남길 수 있다든가, 여행 가이드는 방문한 명소의 해설을 단말기 카메라를 통해서 AR(증강현실, 사용자가 지각하는 것에 컴퓨터가 만든 정보를 추가)로 표시되는 캐릭터가 이야기를 해준다든가, 소설에 나온 마지막 장면의 장소를 방문하면 특별 편으로 후일담을 다운로드할 수 있다든가 하는 것들입니다. 책의 '라이브'가 있다면, 이러한 '현실의 확장'이야말로 가능성 있는 이야기일 것입니다.

새로운 미디어와 플랫폼이 생겨도 그것에 알맞은 콘텐츠와 오랫동안 사용하고 싶은 인터페이스가 제공되지 않으면 사람은 단 한 번만 시도해 사용하고 맙니다. 포스퀘어Foursquare 등 체크인 계열의 서비스와 그것과 비슷한 기능의 페이스북 등의 SNS가 잘되는 것은 사용자가 투고한 '체험'이 콘텐츠가 되고 커뮤니케이션을 촉진하기 때문입니다. 프로가 편집한 디지털 콘텐츠로 사람들에게 지속적인 '체험'을 촉진하는 것은 제가 아는 한 아직 없습니다. 이 분야는 가까운 장래에 한층 디지털화가 진행될 것입니다.

책의 최소단위는
'논점'

다섯 번째 생각은 책의 단위를 생각하는 것입니다.

지금 많은 전자책 플랫폼에서는 일부 잡지가 기사 단위로 책과 나란히 진열되어 팔리고 있으며, 종이로 한 권이었던 책을 두 권으로 나누어 판매하기도 합니다. 목차에 따라서 장 단위로 분해하여 사용자가 나름대로 재편집해서 사용할 수 있게 해야 한다는 논의도 자주 보입니다.

이 논의에도 자주 음악을 참조합니다. 음악 CD의 74분이라는 시간은 베토벤의 '교향곡 9번'을 수록할 수 있게 만들었기 때문이라는 이야기는 꽤 유명합니다. 그렇게 만들어진 미디어의 단위가 나중에 '한 장의 앨범 작품이라면 60분 정도가 필요하다'라는 생각의 기준이 되었습니다. 그러나 음악 판매가 CD에서 모바일 음원시장으로 옮겨가면서, 많은 앨범을 한 곡 단위로 살 수 있습니다. 이 변화에 따라 책도 '한 권의 책에는 200페이지 정도는 필요하다'라는 발상에서 벗어나 기사 단위, 장 단위로 팔아야만 합니다.

한편, 잡지 〈WIRED〉의 창간 편집장인 케빈 켈리는 인터뷰(〈WIRED〉 제2호, 2011년)에서 "'책'은 물체가 아니다. 그것은 지속해서 전개되는 논점과 내러티브이며 '잡지'는 아이디어와 시점의 집합체를 편집자의 시점을 통해서 보여주는 것"이라고 말했습니다. 독자와 편집자가 전제로써 만든 하나의 '논점과 내러티브(이야기/스토리)'야말로 책의 최소단위이며, 그 이하로 분해한 것은 책이라고 부를 수 없기 때문입니다.

종이책을 전자화하려고 해도 서적과 잡지의 편집 의도는 각각 제각각입니다. 다양한 종류의 책이 있고 목차와 장이 없는 책도 많이 있으므로 곡이라는 단위로 명확히 장이 나뉘어 있는 음악 CD와는 달리 일개로는 분해할 수 없다고 생각하는 것이 자연스럽습니다. 예를 들면, 특정한 정보와 정리한 지식을 전하는 책과 사고의 과정과 일련의 이야기를 전하는 책으로 크게 두 가지로 나누어 생각해 보면 취급 방법이 대개 다른 것을 알 수 있습니다. 어떻게 나누는 것이 가장 알맞은 것인가를 확인하는 것은 책에 있어서는 한 권 마다 고유의 문제라고 생각하는 쪽이 좋겠죠.

한편, 처음부터 전자책으로 만든 책은 어떨까요? 실제로 아마존의 킨들 다이렉트 퍼블릭KDP에서 셀프 퍼블리싱으로 출판된 타이틀을 보면 종이 서적으로 환산하면 몇 십 페이지밖에 안 되는 것이 많이 보입니다. 전자책에서 주류가 된 단위가 어째서 종이책보다 더 짧은 것인지, 적어도 현시점에서는 많은 사용자가 실감하지 못하고 있습니다.

케빈 켈리는 같은 인터뷰에서 "웹에서 사람들의 주
의를 지속시키는 시간은 몇 분이지만, 책 한 권을 다 읽
으려면 10시간 이상의 시간이 필요하다. 그러나 지금까
지 예를 들면, 영화 한 편을 보는 시간에 다 읽을 수 있는
책은 없었다. 잡지 기사보다 길고 책보다 짧은 것, 거기
에 비즈니스의 기회가 있다"고 예측했지만, 이제야 현실
은 그 부분을 지향하고 있습니다.

또한, 원래 문자 크기가 바뀌는 전자책에서는 페이
지라는 단위가 유동적이라는 것도 주목해야 할 점입니
다. 좋은 예로 정액제 콘텐츠 플랫폼인 '케이크스cakes'를
들 수 있습니다. 케이크스는 시사 이야기부터 연애 칼럼
까지 뉴스 사이트처럼 기사 단위로 콘텐츠를 갱신하지
만, 오늘 갱신된 최신 기사만을 계속 읽을 수 있고, 정
기적으로 갱신된 하나의 연재만을 제1화부터 계속 읽
을 수도 있으며 정기적으로 갱신되는 연재 하나만을 제
1화부터 연속으로 읽기 등 어느 쪽도 자유롭게 사용할

수 있는 인터페이스입니다. 이른바 잡지나 서재처럼 사용자가 요구하는 단위로 즐길 수 있습니다. 인터넷 특성을 최대한으로 활용해서 생각한 인터페이스를 제공하고 있습니다.

한편, 아마존 스스로 '마이크로 콘텐츠의 진화형'이라고 칭송하는 '킨들 연재'를 일본에서도 2013년 10월에 서비스를 시작했습니다. '킨들 연재' 콘텐츠를 사면 지금까지 연재된 분만큼 다운로드할 수 있으며, 앞으로의 연재는 갱신될 때마다 받을 수 있습니다. 최종적으로 종이책처럼 길어져도 받은 양은 단락으로 상세히 나누어져 있어 읽기 쉬우며, 또 연재라는 형식은 도착할 때마다 소셜미디어에서 떠들고 싶어지므로 정보가 확산되는 타이밍이 여러 번 찾아오기 때문에 판매에 도움이 될 것이라고 예측할 수 있습니다. 미국에서는 아마존이 디지털 잡지 〈데이 원Day One〉을 창간한다는 뉴스도 있으며 점점 앞으로의 동향이 주목받고 있습니다.

새로운 포맷에서
새로운 콘텐츠가 태어난다

종이책에서 예를 들면 고도경제 성장기에는 《세계대백과사전》(헤이본샤) 등의 백과사전 붐이 일어 한 집에 한 세트 정도는 갖추어야 한다고 말했지만, 지금은 거의 찾아볼 수 없습니다. 물리적으로는 장소를 차지하고, 무게도 꽤 무거워서 현대인의 라이프스타일에는 맞지 않습니다. 그러나 전자화되면서 물리적인 장소를 차지하지 않게 된 현재, 무겁고 두껍고 길고 큰 것이 요구되냐고 하면 반드시 그렇지는 않습니다. 시대가 변하면 요구하는 콘텐츠도 변합니다.

예를 들면 같은 동영상이라도 유튜브는 기본적으로 15분 내외지만 인스타그램의 동영상은 15초(2016년

현재 60초), Vine은 6초입니다. 당연한 일이지만, 각각
의 플랫폼에서 다른 문화가 생겨나 각각의 시간 내에서
의 표현이 태어났습니다. 한편, 8,000자의 신서(일본 단
행본의 한 형태, 보통 200페이지 안팎)와 2,000자의 칼럼,
140자의 트위터에서 같은 사회 문제를 지적하는 일이 있
습니다. 3분의 발표보다 30분의 강연, 30분의 강연보다
두 시간의 대담 쪽이 더욱 깊은 이야기가 오가지만, 강
연을 들으러 온 사람은 두 시간이나 계속 앉아 있으면 피
곤해지므로 도중에 쉬는 시간이 필요합니다. 콘텐츠 종
류에 맞춰 적당한 단위를 상정할 수 있습니다. 한편, 반
대로는 극단으로 긴 단위와 짧은 단위로 포맷을 설정하
면 그것에 알맞은 새로운 콘텐츠가 태어나는 일도 있을
것입니다.

인터넷을 욕망하는 책,
하지 않는 책

여섯 번째 생각은 책과 인터넷의 접속을 생각하는 것입니다.

전자책의 이점으로 장소를 차지하지 않는다든가, 언제라도 어디서라도 사서 바로 읽을 수 있다든가 하는 점을 자주 예로 듭니다. 장서가 많아져 곤란한 사람과 가까이에 큰 서점이 없는 사람, 내일 취재 준비로 바로 책이 필요한 편집자 같은 사람에게는 확실히 영향을 미칩니다. 그러나 책이 디지털이 된다는 것은 정말로 그것뿐일까요?

'디지털이다'는 것은 데이터가 수치화되기 위해서 여러 가지 '전자적인 처리'를 할 수 있다는 것입니다.

2013년 현재, 우리가 가장 일상적으로 행하는 '전자적인 처리'는 메일과 라인 등의 네트워크를 통해서 데이터를 주고받는 것으로 여러 가지 커뮤니케이션을 하는 것입니다. 그렇다면 커뮤니케이션 속에 책이 들어 있다는 것, 즉 책 내용이 인터넷에 접속하는 것에 최대의 가능성이 있다고 생각하는 것이 자연스럽지 않을까요.

물론, 장소를 차지하지 않는 디지털 데이터를 언제라도 어디서라도 사서 바로 읽을 수 있도록 실현한 것은 인터넷입니다. 그렇지만 그것만큼은 어디까지나 패키지의 책이 디바이스 안과 인터넷에 놓여 있는 것에 지나지 않습니다. 접속할 것은 패키지의 내용입니다. 그것은 제2장 마지막에서 언급한 '책이 인터넷에 녹아든다'라는 것입니다. 책과 인터넷 양쪽은 서로 사모하고 사랑하는 사이인데 일부의 사람이 그것을 방해하고 있을 뿐, 본래는 양쪽 모두 서로 융합되기를 욕망하고 있습니다. 저는 그렇게 생각합니다.

당신이 에세이를 읽고 있는데 실재하는 지명, 예를 들면 '쟈쿠즈레 교차점'이 나왔다고 합시다. 종이책은 인터넷과 연결되어 있지 않으므로 그 장소가 지도상 어디에 있는지 조사하려면, 책을 한 번 덮고, 다른 지도를 펼칠 필요가 있습니다. 그러나 만약 그 책이 디지털이라면 '쟈쿠즈레'라는 단어에 링크가 걸려 있어 클릭하면 '구글 맵'이 열리면서 지도상의 위치는 물론 지금 있는 곳에서 '쟈쿠즈레'까지 가는 방법과 스트리트 뷰로 주변의 풍경까지 실제로 볼 수 있습니다. '쟈쿠즈레'는 메구로 구의 탄생과 함께 사라진 지명으로 지금은 교차점과 강의 이름으로 남아있을 뿐이라는 것을 추가정보로 기재하는 것도 가능합니다.

물론, 모든 책이 이러한 '접속'을 지향한다고는 한정할 수 없습니다. 패션 잡지라면 가격을 클릭하면 전자상거래 사이트와 연결되는 쪽이 좋겠죠. 이른바 냉장고가 인터넷에 연결되어 그 안을 검색할 수 있으면 레시피

책을 읽고 요리를 만들기로 정했다면 부족한 음식 재료를 자동으로 표시할 수 있습니다. 하지만 종이로 만드는 것을 전제로 쓰인 에세이와 소설의 경우 아마도 작가나 읽은 사람이나 그러한 '접속'은 방해만 된다는 이야기가 나올 수도 있다고 생각합니다. 텍스트를 읽고 자신의 머리에서 퍼지는 이미지를 즐기는 것을 원하면 종이로 만들면 되고, 텍스트를 기점으로 인터넷에 확장된 여러 가지 정보와의 연결 전체를 즐기고 싶은 책은 디지털로 만들면 됩니다. 그것이 앞으로 제작자가 가져야 할 발상입니다.

소셜 리딩의
가능성

책은 '접속'을 지향하는 것과 하지 않는 것이 있는 한편, 인터넷은 가능한 한 모든 책에 접속하고 싶어 합니다. 대표적인 예가 앞에서 이야기한 '구글 맵'으로 '모든 책 내용을 검색 대상으로 하고 싶다'는 생각으로 만들어졌습니다. 물론 검색으로 표시되는 부분에는 상한선이 있으며 본문 전체를 읽으려면 구매로 흘러갑니다. 저작권이 있는 이상 마음대로 검색 대상이 되는 것을 막기 위해 2004년에 시작된 프로젝트가 있음에도 불구하고 현 시점에서도 아직 만족스럽다고 말할 수는 없지만, 반드시 구글은 '마지막 보루'를 공략하겠다는 야망을 버리지 않은 것 같습니다.

구글이 모든 책을 검색 대상으로 한다는 것은 '웹 사이트에는 적혀 있지 않아도 이 책에는 적혀 있어요'라는 것도 검색이 가르쳐 준 것이므로 새로운 책과의 만남이 넓어집니다. 오히려 책을 읽고 '저것은 어느 책의 어디에 적혀 있는 것'이라든가, 어떤 사항을 '이것에 관해 쓴 책은 없을까?' 할 때 찾을 수 있고, '이 책에는 이 단어가 많이 나오는 느낌인데 도대체 몇 번이나 나오는 거지?'라는 것도 조사할 수 있으므로 책을 즐기는 여러가지 새로운 방법이 퍼지는 것도 기대할 수 있습니다.

'구글 맵'뿐만 아니라, 아마존을 필두로 한 전자상거래 사이트와 인터넷에 넘치는 서평 서비스와 책장 서비스, 책을 소개하는 개인 블로그와 트위터 등의 SNS도 모두 전부 책에 접속하고 싶어 합니다. 이러한 종이책 본연의 자세를 확장해서 인터넷만의 즐거움을 제공하는 것을 지향하고 있다고 말할 수 있습니다. 그리고 그중에서도 가장 눈에 띄는 콘셉트는 앞에서 이야기한 '소셜 리딩'입니다. 이것은 이른바, 책과 인터넷의 접속에 따라 독자들끼리 커뮤니케이션하려는 시도입니다.

아마존 킨들에는 읽고 신경이 쓰이는 부분을 선택해서 저장할 수 있는 하이라이트라는 기능이 있습니다. 원래 목적은 형광펜으로 선을 긋는 느낌을 주는 것이지만, 자신의 계정에 접속하면 어느 단말기에서도 볼 수 있고, 그 부분을 SNS로 공유할 수 있습니다. 또한, '파퓰러 하이라이트'라고 부르는 기능을 켜면 이제 막 산 전자책이지만 많은 독자가 선을 그은 부분에 'OO 사람이 하이라이트'라고 표시한 것이 보입니다. 마치 헌책방에서 산 책에 미리 선이 그어 있는 것과 비슷한 느낌이 들어 이상한 기분입니다. 같은 책을 읽고 있는 사람이 그 책의 어느 부분에 반응해서 어떻게 생각했는지 즉시 알 수 있다는 것은 종이책에서는 얻을 수 없는 새로운 독서 '체험'의 인터페이스라고 할 수 있습니다.

다만, '소셜 리딩'이라고 말해도 현시점에서 실현된

것은 여기까지입니다. 전자책을 잘 알고 있는 일부 사람들 사이에서는 어느 시기에 유행했던 '소셜 리딩'이라는 콘셉트에서 그다지 가능성을 느끼지 못하는 사람도 있습니다. 한편, 좀 더 진화하면 예를 들면 같은 책을 읽은 독자끼리 SNS처럼 연결되거나 친구가 되거나, 독자끼리 활발히 의견을 나누어 독자 본인이 연구한 이야기의 뒷이야기를 밝힌다거나, 서평가 등 읽기에 능숙한 사람에 의한 하이라이트와 코멘트 데이터를 일종의 '해제'로써 옵션 판매하는 미래도 상상할 수 있습니다. 블로그와 SNS와 유료 메일 매거진 등도 현재처럼 활발해진 것은 몇 년 전에는 상상도 할 수 없었으니 저는 앞으로도 아직 '소셜 리딩'에는 가능성이 있다고 생각합니다.

또한, 원래 지금까지 한마디로 '책과 인터넷의 접속'이라고 말했지만, 앞에서 이야기했듯이 책의 정의를 확장해서 생각하면, 원래 전자책도 웹 사이트도 넓은 의미로는 모두 디지털 책으로 차이가 없다고 말할 수 있습니다. 무료로 읽을 수 있고 광고 수입으로 운영되는 웹 매거진과 뉴스사이트가 존재하고, 절판된 종이책을 웹 사이트화해서 무료 공개하고 광고로 수입을 올리는 방법도 'J 코믹(일본 만화)' 분야에서만 해당하지만, 충분히 생각해 볼 수 있습니다.

책은 인터넷에 녹아들어 가고 있으며 둘은 서로 사모하고 사랑하고 있다는 것을 조금은 아시겠습니까? 책의 미래에는 아주 역동적인 변화가 있다는 것을 상상할 수 있는 한편, 그것을 크게 가로막고 있는 것은 저작권과 무료 광고로 이익을 얻는 문제입니다. 책과 인터넷 접속에 대해서 생각하는 것은 여러 상황에 대한 문제 제기와 새로운 모델을 만들어 가고 싶기 때문이기도 합니다.

세계에서
출판 비용이 격감

일곱 번째 생각은 책의 국경에 관한 생각입니다.

단순한 이야기입니다만, 인터넷의 등장에 따라 책이 국경을 넘기 쉬워졌습니다. 종이책이라도 이전부터 특히 패션과 라이프스타일, 디자인 등을 취급하는 잡지는 일본어와 영어를 함께 사용하는 경우가 많이 보였습니다. 잡지의 일부는 해외에서 판매하고 있으나 번역 비용, 운송 비용, 그리고 현지에서 도소매 유통 업자의 비용이 듭니다. 그러나 디지털이라면 번역 이외에는 비용이 들지 않아 매우 싼 가격에 해외에 유통할 수 있습니다. 예를 들면 《책의 역습》이라는 책은 종이책으로 번역 출판되기까지의 장애물은 높지만, 제가 친구에게 영어로 번역된 원고를 받아서 인터넷에서 데이터 판매를 시작하면 몇 분 후에는 호주 사람이 구매할 수 있습니다.

이것이 의미하는 것은 국내의 출판물을 해외에 유통한다는 것뿐만 아니라, 처음부터 해외 전개를 전제로 하면 반대로 지금까지 국내에서는 성립되지 않았던 기획이 성립할 가능성도 생긴다는 것입니다. 물론, 무엇이라도 세계를 상대로 할 수 있는 것은 아닙니다. 다만, 이미 어떤 종이책을 앞으로 전자화할까 할 때 일본 시장만 생각해서 이익이 없으니 그만두자고 판단하지 않고, 이 내용이라면 영어로 번역해도 괜찮지 않을까 하는 발상이 유효하다는 것입니다. 또한, 눈에 띄는 사례는 없지만, 스모와 가부키라는 일본의 전통문화와 애니메이션을 시작으로 하는 팝 컬쳐에 대한 책 등에서 앞으로 이런 것이 나올 것으로 생각합니다.

특히 검색 엔진에서 자주 검색되는 단어의 검색 결과를 페이지별로 표시한 것은 서점 입구에서 가장 큰 평대에 쌓아놓는 것과 같습니다. 만약 《책의 역습》의 영어판 데이터 판매 페이지가 'book future', 'publishing future' 등으로 검색했을 때 첫 번째 페이지에 보인다면, 영어권의 모든 서점의 평대에 놓인 것입니다. 유통상의 전략을 어느 언어권의 어떠한 사람에게 어느 키워드로 낚아서 어떻게 전할 것인가를 일본의 책상에 앉아서 생각할 수 있게 된 것은 획기적입니다.

또한, 번역 비용도 계속 내려가는 경향을 보입니다. 우선, 자동 번역의 정확성이 조금씩 올라가고 있습니다. 정부의 전략 '이노베이션25'에 따라 2025년까지 소형 자동번역기를 보급하려는 것을 통해서도 알 수 있고, 《2050년의 세계 영국 '이코노미스트'지는 예측한다》(분게이슌 슈, 2012년)에 따르면, 2050년에는 컴퓨터 번역이 보급되어 외국어 학습이 필요 없어질 거라 말합니다. 'CrowdWorks'와 'Lancers', 혹은 번역 전문의 'Gengo', 'Conyac' 등의 클라우드 소싱 서비스를 사용해서 사람이 직접하는 번역을 싼 가격에 발주할 수도 있습니다. 물론 그렇게 등록한 많은 사람은 프로 번역가는 아니므로 지금까지 종이로 출판된 수준을 요구할 수는 없지만 내용과 목적, 독자 대상에 따라서는 충분합니다.

일본인은 커뮤니케이션에서 너무 정확한 것을 요구하기 때문에 말을 못 한다고 합니다. 번역에서도 텍스트 성질에 맞추어 최저한으로 요구되는 질을 지키겠다는 생각이 합리적입니다. 스마트폰의 애플리케이션 등을 사용한 무료 자동번역을 거친 이상한 일본어를 발견하는 일이 자주 있습니다만, 그것만으로도 일본인에게는 상당히 문턱이 내려가고 일본에서 다운로드가 증가하리라 추측할 수 있습니다. 적어도 일본어를 이해하는 사람이 손을 쓴다면 훨씬 나을 것입니다. 서툴러도 어쨌든 일본어 번역이 있으면 어떤 책이라도 일본에서 한 권이나 두 권은 팔릴 가능성이 있습니다.

앞으로 책에 관한 일을 하는데 디지털 지식과 함께

외국어를 어느 정도 할 수 있다는 것은 외국인과 상담도 할 수 있고, 스스로 간단한 번역도 할 수 있다는 것뿐만 아니라, '여기는 중요하니까 프로 번역가에게 부탁해도, 여기는 비용을 줄이기 위해 클라우드를 사용하자' 등으로 목적에 따라 필요한 수준의 확인이 가능하다는 의미로 하나의 강점이 됩니다.

종이책의 제작성이
뛰어나다

여덟 번째 생각은 제품으로써의 책과 데이터로써의 책을 구분하는 것입니다. 세 번째 생각의 하드웨어와 소프트웨어의 이야기와 개념적으로는 비슷하지만, 이 책에서는 다른 의미로 말합니다.

지금까지의 항목에서는 전자책을 중심으로 넓은 의미의 디지털 책에 대하여 많은 분량을 할애하여 서술하였습니다. 그러나 미래의 책에 대한 가능성이 반드시 디지털 쪽에만 있는 것은 아닙니다.

데이터로써의 책은 이른바 책의 '내용'입니다. 내용이라는 단어를 인식하는 방법은 여러 가지 있지만, 예를 들면 지금 유통되고 있는 대부분의 종이책은 디자이너가 정리해서 출판사가 입고한 디지털 데이터를 인쇄소가 인쇄·제본해서 최종적으로 만듭니다. 책의 내용을 인쇄하기 직전의 디지털 데이터라고 파악하면 종이가 되기 직전까지의 내용은 데이터이고, 게다가 앞에서 이야기했듯이 지금은 '.pdf' 등으로 입고되는 경우가 많으므로 종이책의 내용은 대개 전자책 같다고 말할 수 있습니다.

한편, 제품으로써의 책은 데이터 내용에 형체가 있는 것으로 겉모습을 갖춘 상태를 가리킵니다. 데이터로써의 책은 단말기에 넣지 않는 한 직접 손에 들거나 만질 수 없지만, 종이에 인쇄되면 종이책이 되어 제품으로써 직접 손으로 만지고 즐길 수 있습니다. 반대로 킨들과 아이패드 등의 단말기 자체도 책 제품의 한 형태라고 말할 수 있습니다.

지금 전자책이라고 부르고 있는 것이 주류가 될지는 제쳐 놓고 종이에 인쇄된 책이 아닌 데이터에 돈을 내고, 어떤 형태로든 단말기로 그것을 읽는 행위는 앞으로도 많은 사람에게 더욱 인기를 얻을 것입니다. 미국인 승객이 많은 비행기에 타면, 이미 모두 킨들과 아이패드 등의 단말기로 문자를 읽고 있으며 종이책을 읽는 사람은 거의 없습니다. 한편으로 적어도 일본에서는 전자책 사용자가 자주 '이 책의 전자책을 원하지만, 종이책도 원해'라고 말하는 이야기가 들립니다. 제품으로써의 책과 데이터로써의 책을 나누어 생각하는 것은 이 두 가지의 '욕구'가 다르다는 것을 생각하는 것이기도 합니다.

예를 들면, 한 번 읽은 후 이제 필요 없어 책장에서 장소를 차지하지 않기를 바라는 경우에는 '전자책으로 갖고 싶다'는 것이 될 것입니다. 내용을 키워드로 검색하거나, 나중에 블로그에 인용하면서 서평을 쓰고 싶을 때도 데이터가 편리합니다. 한편, 장정이 아름다워 소중히 책장에 진열하고 싶어서 '종이책으로 갖고 싶다'고 하는 것도 있습니다. 또한, 반대로 주머니에 말아 넣어서 가지고 다닌다든가, 직접 볼펜으로 글씨를 적고 싶어서 종

이라는 소재의 간단함과 편안함을 원해서 '종이로 갖고
싶다'는 것도 있을 것입니다.

2010년 이후, 사사키 도시나오 씨의 《전자책의 충
격》(디스커버리21, 2010년) 등의 서적을 계기로 '앞으로는
전자책의 시대다', '종이책은 없어질 것이다'라고 매스컴
이 부채질하기 시작했습니다. 그 순간, 한편으로는 마치
반동처럼 '인쇄 냄새가 좋다'든가 '종이를 넘기는 행위의
동작성'이라고 말하며 '그러므로 종이책은 없어지지 않
는다'고 주장하는 사람도 증가한 느낌입니다. 저는 '사람
은 없어진다고 들으면 없어지지 않기를 바란다고 생각하
는구나'라고 향수에 가까운 감정으로 이해했지만, 후에
조금 생각을 바꿨습니다.

종이책밖에 없던 시대에는 책이라면 당연히 종이로
만드는 것이었으므로 일부러 '종이로 갖고 싶다'고 특별
히 의식하지 않았습니다. 그러나 전자책이라는 선택지
가 나타나면서, 특히 아이폰 애플리케이션의 전자책 등

이 마치 페이지를 넘기는 듯한 애니메이션을 제공하면서 우리는 재차 지금까지 자신이 만지던 책이 종이로 만든 제품이었다는 것을 의식하게 되었습니다. '인쇄 냄새가 좋다'든가 '종이를 넘기는 신체적인 행위 운운'이었던 종이책에 대한 감정은 단순히 '없어지는 것이 서글프다'라는 기분뿐만이 아니라, 종이라는 소재 혹은 책이라는 제품의 특성을 전자책을 만지면서 의식한 결과에 따른 것이기도 하지 않을까요.

책의 판매 방법이
다양해진다

이처럼 생각하면 앞으로 데이터로써 책을 산다는 문화
가 정착되면 될수록 종이책을 모으고 싶다고 하는 애호
가를 제외하면 장르와 용도에 따라 자신 나름대로 사용
하겠다는 사람도 늘어날 것이라고 예측할 수 있습니다.

그것은 종이책의 제품성보다 한층 더 두드러져 갈
것이며 즉, 한층 물건적인 요소가 강해진다는 것입니다.
주머니에 말아 넣는 물건, 떨어져도 깨지지 않는 물건,
직접 글을 쓸 수 있는 물건. 한편으로는 소중히 장식해
놓고 싶은 물건, 기간 한정 프리미엄 물건, 나만의 추억
이 담긴 물건. 그러니까 데이터가 아닌 종이가 좋다고 생
각하는 사람이 일부에서는 좀 더 많아질 것입니다.

특히, 일본인은 옛날부터 물건에 신이 산다고 생각해 왔기에 오래된 물건과 사람이 만든 물건을 소중히 하는 경향이 있습니다. 〈MAKE〉라는 잡지를 기점으로 한 이벤트와 'Fablab'이라는 운동을 중심으로 디지털 출판이 성행하고, 3D프린터 등 개인도 손에 넣을 수 있는 가격대의 디지털 공작기계 물건이 나온 것, 크리스 앤더슨이 지은 《MAKERS》(NHK슈판, 2012년)가 출판되어 화제가 된 것 등을 배경으로 개인의 제작에 대한 관심도 최근 몇 년간 높아졌습니다. 책 분야에서도 온디멘드 인쇄(발주한 숫자만큼 인쇄하는 기술로 한 부라도 가능)의 질이 높아진 것, ZINE과 리틀 프레스를 만드는 사람이 증가한 것, 각지에서 열리는 제본 교실과 활판 워크숍에 젊은 사람이 모여드는 것 등은 그것들과 연관이 없지 않습니다. 데이터만을 유통하고 각각 원하는 형태의 제품으로 만드는 것은 전 세계적인 경향이 되었습니다.

한편, 책 판매 방법도 변했습니다. 예를 들면 데이

터는 200엔, 보통의 종이책은 500엔. 가죽으로 장정한 호화판과 굿즈 세트는 한정으로 500부에 1만 엔. 친필 원고를 석판 인쇄로 복제하여 액자에 넣은 것은 한정 10부로 10만 엔. 좋아하는 작가의 물건이라면 가능한 많은 돈을 낼 수 있는 일부의 열렬한 애정을 가진 돈에 여유가 있는 팬에게는 그들이 갖고 싶어 하는 특별한 것을 준비하는 한편, 그 정도의 돈이 없는 팬에게는 가능한 한 싸게 데이터와 종이책을 제공합니다.

이러한 콘텐츠 형태로 가격을 줄여 한 권의 책을 여러 버전으로 만들어 파는 방법도 일반적인 것이 되었습니다. 이런 판매 방법으로 현시점에서 가장 알맞은 것은 클라운딩 플랫폼입니다. 예를 들면 만화가 안노 모요코의 《버펄로 5인》은 킨들에서는 571엔(집필 당시), 종이책은 소겐샤에서 1,470엔에 팔고 있는데, CAMPFIRE에서는 '안노 모요코《버펄로 5인》올 컬러 호화본을 한정 제작!'이라는 프로젝트를 실시해서 7명 한정으로 복제 원화를 포함해 10만 엔에 판매했습니다. 가장 싼 가격의 특전 중에는 작가의 사진이 실린 연하장 데이터가 포함되었습니다. 제품이 아닌 데이터도 프리미엄 버전의 하나가 될 수 있습니다.

책을 통한
커뮤니케이션의 장

아홉 번째 생각은 책이 있는 공간을 생각하는 것입니다.
'책이 있는 공간'이라고 말할 때, 많은 사람이 떠올
리는 것은 서점과 도서관, 혹은 서재가 있는 개인 집입니
다. 개인 집이라면 서재 없이 거실에 쌓아 놓은 형태도
있을 수 있고, 머리맡부터 욕실과 화장실, 책상의 틈에서
가방 안까지, 책이 있을 만한 장소는 가지각색입니다. 그
러한 공간은 책을 즐기는 사람의 일상에서는 빠질 수 없
으면서 동시에 많은 경우 애초에 책을 좋아하게 된 계기
가 될 수 있습니다. 어린 시절, 부모님의 서가 위쪽에 진
열된 어려워 보이는 책을 언젠가는 읽고 싶다고 생각하
고, 학교 도서실에 진열된 책의 양에 압도당해 이쪽 끝

에서 저쪽 끝까지 읽는 데 걸리는 시간을 상상하고 망연
자실했던 경험을 통해 책에 빠진 사람도 많을 것입니다.

책이 있는 공간은 그것만이 아닙니다. 학교에 가면
교실 뒤 사물함 위에 조금이나마 학급문고가 놓여 있고,
회사에 가면 사무실 한편에 공유 자료를 진열하고 있습
니다. 거리에 나가면 구석 상자에 만화가 진열된 옛날 모
습의 중국요리 가게와 패션 잡지가 놓여 있는 미용실,
가게 주인의 취미로 선택한 책을 진열한 카페 등, 대부
분 가게에 책이 있습니다. 그 밖에는 병원의 대기실, 호
텔 로비, 공동주택의 공용 공간 등, 예를 들면 끝이 없
습니다.

그러한 공간 안에는 설계 단계부터 책을 진열하기
로 한 경우도 많이 있습니다. 관계자 누군가가 '여기에
책을 진열하고 싶다'고 생각합니다. 그러한 의뢰를 받는
것이 제 일이지만, 이것은 공간에 책을 진열하는 것을 통
해 사람들이 어떤 의미와 역할을 촉구하고 있다는 것을

나타냅니다. '여기에 책을 진열하고 싶다'라는 요청에는 판매 장소의 의뢰도 있으며, 공유 도서관 열람용 공간의 의뢰, 혹은 완전히 장식으로써 디스플레이를 원하는 의뢰도 있지만, 서점과 도서관 의외의 어떤 상업 공간의 경우에는 앞에서 이야기한 대로 어떤 책을 진열하느냐에 따라 메시지를 전할 수 있는 브랜딩적인 역할이 있습니다. 그러한 역할을 자연스레 맡습니다.

게다가 구체적인 역할을 받는 경우도 있습니다. 그곳이 병원과 미용실 등 사람이 기다리는 장소라면 책은 대기 시간을 즐겁게 해 줄 서비스라는 측면이 강하고, 공동체의 공동 부분 등 교류를 원하는 장소라면 책은 커뮤니케이션 계기의 역할을 요구받습니다. 특히 SNS 등 온라인을 통해 연결되는 기회가 늘어나서 오프라인에서 교류하는 현실의 장소에 대한 관심이 최근 몇 년간 높아졌습니다. 커뮤니케이션 장소에서 책을 원하는 일이 더욱 증가한 것 같습니다.

한편, 책을 통한 커뮤니케이션의 장소로 최대 규모는 35년 이상이 역사를 가진 코믹 마켓, 통칭 '코미케'로 대표되는 동인지 판매회입니다. 출판사와 중개인, 서점 등을 통하지 않고 직접 책을 만들어 독자와 커뮤니케이션할 수 있는 장소이면서, 동시에 같은 취미를 가진 사람들의 축제 같은 면도 있습니다. 음악 이벤트와 비교하면 알기 쉬운데, 2013년 후지 록 페스티벌의 3일간과 전야제에 모인 사람이 11만 명, 서머 소닉의 2일간(도쿄와 오사카에서 양일 개최)의 합계 동원 수 23만 명과 비교하여 8월 코미케는 3일간 기록이 59만 명이었으니 얼마나 뛰어난 이벤트인지 알 수 있습니다.

물론 동인이므로 가장 큰 목적이 이익이 아니라서 대부분의 서클은 적자라고 말하지만, 한편으로 일부 인기 서클은 수천 권을 팔며 회장 전체의 매상은 수백억 엔에 이른다고 보도하고 있습니다. 또한, 규모는 작아도 아트 북에 특화된 'The Tokyo Art Book Fair'와 문예계의 동인지를 취급하는 '문학 프리마켓' 등 장르에 따라 갖가지 이벤트가 있어서 각각 커뮤니케이션의 장소로 작용합니다.

'책과 놀기'로부터
넓혀지는 공간

또한, 판매 외에도 책을 통한 여러 가지 커뮤니케이션의 형태가 있습니다. 5분간 프레젠테이션을 통해 소개한 책 중에서 사람들이 가장 먼저 읽고 싶다고 생각하는 쪽이 승리하는 '비블리오 배틀', 여러 명의 발표자가 앞의 사람이 소개한 문맥을 이어서 3분 동안 순서대로 책 소개를 계속 하는 'hoooon!', 자기소개를 겸해서 책 소개를 한 후 명함 교환처럼 책을 교환하는 '부쿠부쿠 교환' 등 오리지널의 '책과 놀기' 행사가 많이 생겨나 조금씩 분야를 넓혀가고 있습니다.

저도 모두 같은 음악을 들으면서 같은 책을 읽는 DJ 이벤트 'hon - ne'라는 것을 기획한 적이 있습니다. 이러한 즐기는 방법의 양식은 아직 얼마든지 새롭게 만들 수 있고, 각각 독특한 것이 될 수 있습니다. 출판업계 사람은 '책과 놀기' 같은 일시적인 이벤트는 가볍다고 생각할 수 있지만, 실제로 참가해 보면 이러한 수수한 활동이 독자를 늘리는 계기가 되기도 하고, 새로운 책과의 만남을 제공하는 것을 봅니다. 오히려 출판업계가 솔선해서 해야 풀뿌리가 될 수 있는 근원적인 활동이 많이 생겨날 것입니다.

한편, 지역사회에서 개최하는 책 이벤트도 최근 몇 년간 활발해졌습니다. 후쿠오카의 '북오프'를 시작으로 나고야의 '북마크 나고야', 센다이의 'Book! Book! Sendai' 등 지역의 서점 직원과 출판 관계자가 중심이 되어 지도, 가이드북, 공통의 문고본 커버 등을 만들어 각종 이벤트를 개최하고 있습니다. 그중에서 꼭이라고 할 수 있을 정도로 항상 열리는 것이 한 상자 분의 헌책을 갖고 다니며 판매하는 '한 상자 헌책 시장'이라는 헌책

이벤트입니다.

　도쿄의 다니나카 · 네즈 · 센타기 지역의 '시노바즈 북스트리트'에서 시작되어 전파된 것으로 발기인인 난다로우 아야시게 씨가 쓴《한 상자 헌책 시장의 발자취》(고분샤, 2009년)에 자세히 나와 있습니다. 지정된 공간에 책이 있는 것이 아니라, 동네 곳곳에 책이 있습니다. 책을 좋아하는 사람의 관심을 동네로 돌리는 동시에 원래 동네에 살고 있던 사람들이 책과 만날 수 있는 계기가 될 수 있습니다.

　게다가 넓게 생각하면 책이 있는 공간은 인터넷에도 있습니다. 물론 최대 공간은 아마존을 비롯한 인터넷 서점이지만, 아마존은 아마존에만 있지 않습니다. 모든 사이트에서 책을 언급하거나 참조할 때마다 아마존에 가입하라는 링크가 붙습니다. 수많은 가입 링크 중에서도 책은 가장 인기 있는 상품의 하나로 인터넷의 무료 서비스로 수입을 얻는 배너 중에 하나로 책 배너를 선택해서 운영하고 있습니다.

또한, 실제로 제가 다룬 사례로 츠타야 온라인TSUTAYA online에서 전개한 영화 '모테키'의 블루레이&DVD 발매 기념 캠페인 '유키요의 방'에서는 모리야마 미라이 씨가 연기한 주인공 방의 책장을 츠타야의 진짜 가게로 재현 했을 뿐만 아니라 웹사이트에서도 실제로 영화 세트 사진에 책의 정보를 연결하여 클릭하면 구매와 대출할 수 있는 콘텐츠를 실었습니다. 얼핏 책을 판매하는 것처럼 하면서 실제로는 영화 DVD가 팔리면 좋겠다는 마음을 담았습니다. 책이 있는 공간은 인터넷상에서도 캠페인 과 브랜딩의 도구로 성립합니다.

'공공재'로써의
책

마지막은 책의 공공성을 생각하는 것입니다. 이것은 저
도 아직 생각을 잘 정리하지 못했습니다.

인터넷 시대가 되어 사전과 정보지 등을 시작으로
몇 가지 장르의 종이책은 확실히 팔리지 않게 되었습니
다. 인터넷용의 콘텐츠는 이미 인터넷상에서 무료나 혹
은 종이보다 편리하게 손에 넣을 수 있기 때문입니다. 이
것은 인터페이스에 대한 항목에서 자세히 말했지만, 종
이책을 사랑하는 사람은 이러한 변화에 탄식합니다. 책
이 팔리지 않게 된 것은 출판문화의 쇠퇴이며 매우 슬픈
일이라고 합니다.

그러나 잘 생각해 보면 책이 상품으로써 보통의 사

람이 돈을 내고 사게 된 것은 긴 역사 속에서 되돌아보면 최근의 일입니다. 인쇄 기술의 보급과 문맹률이 낮아지지 않았으면 출판은 상품으로써 성립되지 않았을 것입니다. 나라에 따라서 다르지만, 일본에서 서민이 책을 사게 된 것은 에도시대 중기 이후이며, 중개인이 현재처럼 전국의 서점에 책을 보내게 된 것은 제2차 세계대전 후입니다.

책을 반드시 사서 손에 넣어야 한다는 전제는 없습니다. 서점보다 도서관 쪽이 훨씬 긴 역사를 갖고 있습니다. 애초에 형태를 갖추지 않은 지식과 정보는 사람에서 사람으로 전달되어 복제되어도 내용이 줄지 않습니다. 또한, 본질에서 반드시 대가를 지급하지 않아도 인편으로 얻을 수 있습니다. 그 덕에 경제학적으로도 '지식'은 '공공재'라고 정의합니다. 형태가 없는 '공공재'를 만드는 사람들이 확실히 다른 사람들에게 공헌한 대가를 얻을 수 있도록 저작권을 비롯하여 지적 재산권을 저작물에 부여하게 되었습니다.

실제로 대부분 책은 일부러 돈을 내고 사지 않아도 도서관에서 빌려 읽을 수 있습니다. 근처 도서관에 없으면 다른 지역 도서관의 책을 신청할 수도 있고 신간을 요청할 수도 있습니다. 전국 도서관의 서적과 대출 상황을 교차 검색할 수 있는 '칼릴(calil.jp, 일본 최대 도서관 검색 사이트)'을 사용하면 편리합니다. 실제 모든 책을 사지 않고 빌려만 보는 사람도 있고, 환경은 꽤 갖추어져 있습니다. 그런데도 서점이라는 것이 존재하고, 사람은 책을 소유하고 싶어 합니다. 언제라도 참조할 수 있고 편리하면서 처음부터 소유하고 싶다고 생각한 물건으로써의 매력이 있기 때문입니다. '지식'과 '공공재'라고 생각하면 본질적으로 책은 공공의 것으로 생각할 수 있지만, 결과적으로 우리가 앞으로도 계속 책을 소유하고 싶다고 느낄 것인지는 잘 생각해 보면 알 수 없어집니다.

책을 '파는 물건'이 아니라고
상상하면

이 문제에 대해서 제가 처음 의식한 것은 《서점은 죽지 않는다》(신쵸샤 2011년, 시대의 창 2013)의 저자인 이시바 시 다케후미 씨와 인터뷰할 때입니다.

넓게 책을 취급하는 장소를 생각하면 책을 상품으로 취급하지 않는 도서관 쪽이 역사가 길다고 하면 길겠죠. (중략) 책을 소비하는 상품으로 취급해서 즉, 되도록 많이 팔리는 게 좋다는 전제로 다루어 온 역사는 문화재로 다루어 온 역사보다 짧습니다. 서점이라는 소매업 형식으로 지속하기를 고집하는 것은 모순이지 않을까? 하고 생각합니다. 이것은 제

안에서도 결론이 난 것이라고 말할 수 없지만요. (이
시바시 다케후미 '책의 기록2 인터뷰 – 우치누마 신타로')

  적어도 현시점에서 이시바시 씨의 문제 제기에 대
해서 명확한 답을 갖추지는 못했습니다. 이때도 잘 대답
하지 못했습니다. 지금도 '서점이라는 소매업 형식'으로
'B&B'를 경영하면서 계속 생각하고 있습니다.

  다만, 적어도 2013년 현재, 서점뿐만 아니라 도서관
에도 본분을 묻고 있습니다. 여기에서는 언급하지 않겠
지만, 당시 국립국회도서관 관장이었던 나가오 신 씨의
'나가오 플랜'을 발단으로 도서관의 디지털화에 관한 문
제와 이용자의 요구에 부응하도록 베스트셀러를 여러 권
소장하는 도서관의 '대여소화' 문제, 츠타야를 운영하는
회사가 지정관리자가 된 사가 현의 다케오시도서관에 관
한 일련의 문제 등 활발한 의논이 있었습니다. 도서관의
존재가 출판업계의 불이익이 될 때, 결과적으로 어느 쪽

을 취해야 할 것인가 하는 문제에 부딪힙니다.

　　동네에서 서점이 줄어들고 있는 현재, 공공도서관
이 지역에서 유일한 '큰 서재'가 된 사태가 각지에서 발
생하고 있습니다. 제가 생각하는 '큰 서재'는 책의 물량
에 압도당한 사람이 '책을 좋아'하게 되는 그런 서재입니
다. 사람의 지적호기심을 자극하고 책을 좋아하는 사람
과 흥미를 갖고 책을 조사하는 사람이 늘어나는 것은 공
공성이 높은 일이라고 생각합니다. 적어도 비즈니스로
써 서점의 활약이 사라진 동네는 그곳에 사는 사람을 위
한 도서관이 그 역할을 담당하고 있습니다.

　　또한, 책의 공공성과 인터넷에 대해서는 '아오조라
문고'의 존재를 빼고서는 말할 수 없습니다. 저작권이 끝
난 작품을 전자화해서 무료로 제공하는 '아오조라 문고'
는 많은 전자책 단말기와 서비스 덕분에 무료로 다운 받
을 수 있는 무료 도서로서도 크게 활용되고 있습니다. 적
어도 저작권이 끝난 책은 누구라도 자유롭게 인터넷상

에서 관람할 수 있으므로 공공적인 것이라고 말할 수 있습니다.

'리브라이즈(librize.com/ja)'라는 서비스도 이런 맥락에서 소개하고 싶은 시스템입니다. 카페와 공동 작업 공간 등에 있는 책을 바코드 리더기를 사용해서 등록하는 간편한 도서관 시스템을 도입해서, 어떤 책이 있는지 웹상에서 공유할 수 있는 시스템입니다. 개인과 법인이 사적으로 소유한 서가를 도서관화해서 공공에게 개방하기 위한 도구라고 할 수 있습니다.

한편으로 저자의 의식도 바뀌어야 합니다. 블로그에 등록할 때는 자신의 블로그니까 무료로는 쓰지 않겠다는 생각을 표명하는 저자도 많이 있지만, 지금은 우치다 다쓰루 씨처럼 시간을 들여서 쓴 것을 블로그와 웹매거진에 무료로 공개하고, 그것을 재편집해서 책으로 묶어서 유료로 판매하는 모델이 당연해졌습니다. 저작권도 한정적으로 저작물의 재이용을 허가하는 '크리에이티브 커먼즈' 라이센스를 붙이거나, 2차 창작을 허가하는 '동인 마크'를 붙인 책을 공공에 열어주기 위한 유연한 선택지가 생기고 있습니다. 이것들은 모두 책이라는 것이 미래에 단순한 상품으로 그치지 않으리라는 것을 가리킨다고 말할 수 있습니다.

만약 지적 재산권이라는 것이 사라지고, 책이 상품으로써 팔리지 않게 되어 모두 무료로 인터넷상에서 다운로드 할 수 있는 세계를 상상해 보세요. 그때는 결과적으로 프로 저자들은 모두 '그래서는 장사가 되지 않아'라는 말을 하며 집필을 그만둘까요? 아마도 그렇지 않고 계속하는 사람이 남을 것입니다. 그리고 한편, 무료로 손에 넣어도 책에서 둘도 없이 소중한 것을 얻었다고 느낀 사람은 저자에게 보답하고 싶다고 느껴 돈과 먹을 것을 보내겠죠. 그러한 세계가 이상이라고 말하는 것은 아니지만, 이런 미래가 오는 것이 있을 수 없다고도 말할 수 없습니다. 적어도 상품이 아니라는 전제를 세우

고 생각하는 곳에는 책의 미래에 관한 힌트가 많이 있는
것 같습니다.

제4장

—

**책은 앞으로가
재미있다**

서점은 줄어도
책방은 늘어난다

'출판업계의 미래'와 '책의 미래'는 다르다고 '머리말'에
적었습니다. 마지막으로 제4장은 제2장에서 쓴 흐름으
로 책의 일을 하게 된 제가 제2장에서 해설한 출판업계
와 주변의 현상, 제3장에서 이야기한 미래를 위한 열 가
지 시점을 따라서 실제로 지금 어떤 일을 하고 있는가를
소개하면서 앞으로 '책의 미래'에 관여하고 싶어하는 사
람에게 도움이 되도록 전체를 정리하겠습니다.

　제가 전제로 생각하고 있는 것은 이른바 책을 파는
'서점'은 평균 하루에 한 개의 페이스로 동네에서 사라지
고 있으며 앞으로도 계속 감소하겠지만, 지금까지 살펴
본 넓은 의미의 책에 관한 일, 그것을 새삼스레 '책방'이

시모기타자와의 책방 'B&B' 2012년 7월에 오픈했다.

라고 부른다면, '책방'은 줄어들 것인가, 오히려 늘어날 것이냐는 것입니다.

'서점'과 '책방'은 다르다는 생각은 돗토리에 있는 세이유토 서점定有堂書店 주인인 나라 도시유키 씨가 가르쳐 주었습니다. 이전에 〈BRTUS〉(709호, 특집 '책방이 좋아' 매거진하우스) 취재 당시의 나라 씨의 발언을 인용합니다.

'서점'은 책이라는 상품을 취급하여 진열해 놓은 '공간.' 넓으면 넓을수록 좋고 입지도 단순명쾌한 쪽이 좋으며, 서비스의 질을 점점 향상해가고 있습니다. '책방'은 어느 쪽이냐고 말한다면 '사람'으로 책을 매개한 '사람'과의 커뮤니케이션을 요구합니다. (중략) 책을 좋아한다는 것은 '자신'이라는 존재에 관심이 높은 사람이므로 읽은 책에 대해서 사람과 이야기를 나누고 싶어집니다. '책방'은 매개자입니다. 저는 '책방'이라는 삶이 즐겁습니다.

'책방'은 '공간'이 아니라 '사람'이며 '매개자'입니다. 예를 들면 반드시 현실의 '서점'을 갖추지 않아도 '책방'이라는 '본연의 자세'가 가능합니다.

여기에서 나라 씨가 말한 '책'과 제가 지금까지 이야기한 '책'은 아마 조금 다릅니다. 제가 이야기했듯이 책은 확장해서 엄밀히 정의할 수 없어졌습니다. 예를 들면 '콘텐츠'와 '미디어', 혹은 '커뮤니케이션'이라는 단어와 조금씩 어긋나지 않고 겹칩니다. 서점 직원과 도서관 직원은 물론, 편집자와 작가와 디자이너부터 웹과 이벤트와 선전 등에 관계된 모든 프로듀서와 디렉터, 대화를 이끄는 바텐더와 사회자까지 모두, 콘텐츠를 만드는 사람과 그것을 전하려는 사람은 모두 넓은 의미로 '책방'의 일종이라고 생각합니다.

한편으로 지금까지 '서점'이라고 불러온 장소 이

외에도 양복 가게와 잡화점, 음식점 등에 이르는 곳에서 '책이라는 상품을 취급하여 진열하고 있는' 장소가 조금이나마 넓어지고 있습니다. 그곳에서 일하는 모든 사람도 넓은 의미의 '책방'이라고 말할 수 있습니다. 공간의 '서점'이 있고, 그것을 포함한 더욱 큰 개념으로써 인간으로서의 혹은 일의 '책방'이 있습니다. 책이 확장해서 역습을 시작하는 상황 속에서 각각 자신만의 책의 정의를 기반으로 자기 나름의 '책방'을 시작하는 시대가 왔다고 생각합니다.

콘셉트는
'동네 책방'

저는 시모기타자와에서 'B&B'라는 작은 동네 책방을
하쿠호도 케틀(광고 에이전시)의 대표 시마코우 고이치
로 씨와 공동으로 운영하고 있습니다. 시마코우 씨는 광
고 크리에이티브 에이전시의 대표로 일하면서 신문사
와 새로운 미디어를 만들거나 잡지 편집을 하면서 '서
점대상(일본의 문학상. 신간을 취급하는 서점 직원들의 투
표로 후보작 및 수상작을 결정)'을 시작하는 데 관여하는
등 여러 가지 형태로 책과 관련된 일에 손을 대고 있었
습니다. 나이도 딱 띠동갑으로 저로서는 동경하는 선배
였는데 우연히 알게 되어 2010년경부터 함께 일을 하
고 있습니다.

당시 저는 시마코우 씨가 편집자 스가츠케 마사노부 씨와 공동편집장으로 있는 〈리버틴즈〉(오다슈판)이라는 잡지의 전자책 특집호에서 모든 인터뷰를 담당하고, KDDI 'LISMO Book Store'의 프로모션 콘텐츠를 만들면서, 2011년에 〈BRUTUS〉의 특집 '책방이 좋아'의 편집을 함께 도와주고, 일본 전국의 서점을 취재하며 다녔습니다. 이른바 전자책에 관한 일과 오프라인 서점에 관한 일 양쪽을 함께 했습니다.

그런 일을 통해서 저와 시마코우 씨는 하나의 공통된 인식에 다다르게 되었습니다. 그것은 종이가 좋은가 디지털이 좋은가, 인터넷 서점이 좋은가 오프라인 서점이 좋은가, 큰 서점이 좋은가 작은 서점이 좋은가가 아니고 전자책도 인터넷 서점도 대형 서점도 작은 동네 서점도 전부 기분과 목적에 따라 나누어 사용해야 가장 풍성한 미래를 누릴 수 있다는 것입니다. 전부 사라지지 않기를 바랍니다.

그리고 그중에서 아무리 생각해도 가장 심각한 상태에 있는 것은 작은 동네 서점이라고 느꼈습니다. 우리가 사랑해 마지 않는 작은 동네 서점의 비즈니스 모델을 갱신해서 앞으로의 시대에도 유지될 수 있는 형태로 무언가 할 수 있는 것이 없을까 하는 생각으로 2011년 말에 '함께 책방을 하자'라고 결정하고 2012년 7월에 'B&B'를 열었습니다. 콘셉트는 '앞으로의 동네 서점'입니다.

서로 책에 관한 일을 하고 있지만, 신간 서점 경영에서는 완전히 애송이인 초보자였습니다. '앞으로의 동네 서점'이라는 것은 솔직히 말해 우습지만, 애송이니까 지금까지 서점 경영을 했던 사람은 무모하다고 생각할 정도로 도전해 보자는 것으로 과감히 내세운 콘셉트입니다. 신간 서점이니까 최종적으로는 모든 일은 한 권이라도 많은 종이책을 파는 것입니다. 그래도 한편으로는 종이책을 파는 것만이 '앞으로의 동네 서점'의 일은 아닙니다. 우선 결정한 것이 매일 이벤트를 개최하는 것, 맥주

를 비롯하여 음료수를 제공하는 것, 책을 진열한 책장을
중심으로 가구를 판매하는 것, 이 세 가지입니다.

이벤트 기획은
책 편집과 비슷하다

신간 서점에서 저자를 초대해서 사인회와 토크 이벤트 등을 개최하는 것은 그다지 놀라운 일은 아닙니다. 그렇지만 그것을 '매일 한다'는 이야기를 하자 처음에는 여러 사람으로부터 '그런 것이 가능할 리 없잖아, 일주일에 한 번이라도 힘들텐데'라는 말을 들었습니다. 그러나 실제로 오픈한 후부터 지금까지 매일 빠지지 않고 개최하고 있으며 연속 강좌도 있어서, 첫해에 386권을 기록했습니다. 주말은 기본적으로 하루에 2권, 때로는 3권을 할 때도 있어서 2년째인 올해는 450~500권에 달합니다.

왜 '될 리가 없는' 일이 가능한 것일까요? 우선 매일 이벤트를 개최하는 것 자체가 책방의 일 중 하나로 '처음부터 포함되어 있다'는 것이 큽니다. 보통 신간 서점에서는 일상적인 업무는 어디까지나 책을 파는 것으로 이벤트는 그 연장선입니다. 비일상적인 업무입니다. 그리고 서점에서 개최하는 많은 이벤트는 입장료가 무료로 출연자의 출연료는 출판사가 부담하든가 혹은 500엔의 입장료를 받고 30명을 모아서 입장료 1만5천 엔을 그대로 출연료로 지급하는 구조입니다. 개최하는 서점과 기획에 협력하는 출판사는 어디까지나 광고를 한다는 입장에서 '책이 팔리면 OK'라는 생각으로 하고 있습니다. 이것은 확실히 일주일에 한 번이라도 힘듭니다. 매일하기에는 어렵습니다.

한편, B&B의 이벤트는 1,500엔+음료수 하나를 기본으로 한 유료 이벤트입니다. 실천적인 기술을 익히는 세미나 형식의 연속 강좌도 개최합니다. 그런 강좌는 몇만 엔의 참가비가 들므로 고액입니다. 신간 발매 기념이라도 출판사에는 기본적으로 금전적인 부담은 없습니다. B&B가 이벤트 예산을 짜고, 출연자의 출연료를 지급하고, 기획과 운영을 합니다. 당연히 예정했던 모집 인원수가 차지 않으면 적자지만, 넘으면 이익이 납니다. 예약을 통괄하는 담당자는 있지만, 기획은 직원 전원이 합니다. 어디까지나 책방 일의 하나이기 때문입니다. 매일의 업무로 처음부터 구상해 넣은 것입니다.

자주 '소재가 떨어지지 않을까?'라는 말을 듣습니다. 그러나 연간 약 8만 종, 즉 매일 평균 200권 이상의 책이 출판되고 있으며(2012년 현재), 각각의 저자가 있습니다. 우리는 재미있을 것 같은 신간을 찾아서 저자에게 어떤 상대역을 붙여 어떤 테마로 이야기를 나눌까 만을 오로지 생각합니다. 저자의 연락처를 몰라도 출판사의 대표 번호로 전화해서 제안하면 됩니다. 시간 서점으로부터 '발매기념 이벤트를 하시지 않겠습니까, 돈은 들지 않습니다'라는 연락을 받으면 매몰차게 거절하는 일은 없습니다. '연줄이 있으니 유명인을 부르는 것 아닌가?'

라는 말도 들었는데 실제로 예약 작업은 대부분 저와 시마코우 씨가 아닌 가게 직원이 하고 있으므로 어디의 서점이라도 할 마음만 있으면 할 수 있습니다.

우리는 이른바 30일분, 30페이지 월간지를 편집합니다. 지금 누구와 누구에게 어떤 테마로 이야기를 듣는 것이 재미있을까를 생각하는 것은 누구에게 어떤 테마로 원고를 받을까를 생각하는 것과 거의 비슷합니다. 이벤트에서 말하는 것은 반드시 그 현장에서만 태어나는 오리지널의 1차 정보가 됩니다. 이벤트를 기록한 음성과 영상을 편집하거나 텍스트로 옮겨서 사진과 함께 레이아웃을 만들어 꾸미면 새롭게 출판할 수 있습니다. 서가를 편집하는 것과 마찬가지로 이벤트를 편집하는 것 또한 B&B 책방의 일입니다.

'매일'에 연연하지 않으면
'자장'할 수 있다

B&B에서는 매일 빠지지 않고 이벤트 하는 것을 중요하게 생각합니다. 당일까지 이벤트가 결정되지 않는 최악의 상태에는 저 혼자라도 떠들거나, 어쨌든 매일 무언가를 해야 한다는 것에 구애받고 있습니다.

B&B가 생기기 3년 전인 2009년에 친구들 몇 명과 하라주쿠 카페에서 1개월간 매일 밤 토크 이벤트를 하는 'MAGNETICS'라는 프로젝트를 기획했습니다. 그 가게를 중심으로 '자장을 만들자'라는 것이 콘셉트였지만, 그때도 저는 멤버 누구보다 끈질기게 '장을 만든다면 아무튼 매일 하지 않으면 의미가 없다, 매일 하자'고 고집했습니다.

처음에는 '이 사람이 오니까 B&B에 가자'였던 사람도 매일 이벤트를 하는 것을 알면 두 번째, 세 번째 방문 때는 '오늘은 B&B에 누가 올까'라고 생각이 전환됩니다. 항상 무언가가 일어나고 있으며, 두근두근하는 장소가 역 앞에 있어서 재미있는 이야기를 듣고 싶어지면 언제라도 가면 됩니다. 그러한 '자장'을 B&B에서 만들고 싶었습니다.

앞에서 이야기한 것처럼 2010년에는 저 혼자 시작한 유스트림 방송에서 계속 사회를 보면서 B&B를 오픈할 때쯤에는 토크 이벤트를 잘 진행할 수 있는 비결 같은 것도 많이 터득했습니다. 제가 사회를 진행할 때 신경쓰는 것은 사전에 협의는 최대한 짧게 할 것, 시작하면 바로 전제를 공유해서 재빨리 깊은 의논으로 들어갈 것, 중반부터는 가능한 관객의 얼굴을 보는 것, 세 가지입니다. 본론부터 들어가므로 자세한 설명은 하지 않지만 제가 실감하기로는 토크 이벤트라는 '책'이 재미있게 될지

아닐지'는 기획이 50%, 진행이 50%입니다. 아무리 재미
있는 강연자와 주제라도 진행이 매끄럽지 않으면 관객
은 듣고 싶은 이야기는 듣지 못하고 끝나버려 결과적으
로 전혀 재미가 없습니다. 물론 매일 제가 사회를 보는
것은 아닙니다. 기획에 따라서 사회가 필요하지 않은 경
우도 많이 있지만, '매일'하는 것은 이벤트의 진행에 익
숙해지기 위해서라도 중요하다고 생각합니다.

이벤트라는 것은 관객에게는 비일상적인 특별한 일
이지만 개최하는 쪽까지 비일상적으로 느끼면 잘 운영
할 수 없습니다. 매일 개최하면 직원은 시간이 되면 자연
스레 '슬슬 오늘 밤 이벤트 준비를 시작할까'라고 생각합
니다. 가게에 따라서는 일상이 됩니다. 일주일에 한 번씩
하면 익숙해지기 어렵죠.

또한, 매일 개최하면 책을 만든 편집자와 저자로부
터 'B&B라면 할 수 있지 않나요?'라는 기획이 들어오는
일도 늘어납니다. 비용도 들지 않으니까 어디서든 가볍

게 이야기가 들어옵니다. 책을 손님을 모을 수 있는 이벤트 기획과 함께 훌륭히 마무리하는 것이 우리들의 일입니다. 한 번 이벤트를 개최해서 성공하면 같은 편집자와 저자가 다음 책을 만들 때도 또 제안해 옵니다.

그리고 무엇보다 매일 여러 가지 방법으로 그때마다 다른 사람을 모을 수 있습니다. 전문점이 아닌 폭넓은 장르의 책을 취급하는 '거리의 책방'의 이벤트지만, 요시모토 바나나 씨와 가쿠다 미츠요 씨 같은 작가부터, 다바타 신타로 씨와 이에이리 카즈마 씨 같은 사업가까지, 폭넓은 장르의 저자를 초대합니다. 당연히 젊은 여성만 오는 날도 있고, 양복을 입은 남성만 모이는 날도 있지만, 손님들은 장르는 달라도 모두 기본적으로 '책을 좋아'합니다. 그 날의 저서를 파는 것은 당연하지만, 밤의 이벤트를 계기로 방문해서 문득 책장에 꽂혀 있는 상품이 마음에 들면 B&B의 단골손님이 됩니다. 역 앞에 있다고는 해도 뒷골목 2층에 있어서 들어오기 쉬운 가게라고는 결코 말할 수 없으므로 이벤트가 손님을 모아주는 것은 신간 서점인 B&B에 중요합니다.

물론 이러한 것들이 전부 계획대로 된 것은 아닙니다. 예를 들면, 실내 인테리어 설계 때 빈방을 만들지 않은 것은 확실히 오산이었습니다. 사소한 것이지만 출연자와 이벤트 전에 간단히 회의하거나, 개최 직전까지 기다릴 수 있는 장소가 필요합니다. 지금은 근처의 카페와 제휴해서 이벤트 직전의 시간대에 자리를 미리 예약해서 대응하고 있습니다. 지금 생각하면 제한된 공간 안에 빈방을 만드는 것보다 오히려 좋다고 생각하지만, 근처에 마침 좋은 가게가 없었다면 매일 이벤트를 개최하는 것은 어려웠을지도 모릅니다.

또한, 아무리 자신을 갖고 기획해도 매회 예상대로 손님이 모이지는 않습니다. 지속하는 동안 출연자의 지명도뿐만 아니라, 기획의 타이틀과 내용을 어떻게 재미있게 쓸 것인가, 적절한 홍보 기간을 잡고 있는가, SNS

에서 출연자 본인이 어느 정도 홍보에 협력할 수 있는가, 출연자가 어느 정도 지점 이벤트 등에 나오고 있는지 등 의 요소가 상상 이상으로 손님을 모으는데 크게 작용하 고 있다는 것을 알게 되었습니다. 사람이 1,500엔을 내 고 일부러 발길을 하면서까지 듣고 싶은 것은 무엇인지, 시행착오를 통해 매일 깨닫고 생각하고 있습니다.

　하나하나의 이벤트는 종이책보다 엉성하지만 신선 한 라이프의 '책'이 됩니다. 종이책을 파는 한편, 이벤트 라는 '책'도 매일 '출판'하므로 시모기타자와 역 앞에서 가까운 이웃을 꿈틀거리는 지적 호기심에 말려들게 하 는 '자장'이 되어 한 권의 거대한 책이 되어갑니다. 이렇 게 오늘도 이벤트를 계속하고 있습니다.

맥주와 가구를 파는
이유

'B&B'라는 가게 이름은 'BOOK&BEER'의 약자입니다. 처음 발상은 저와 시마코우 씨가 맥주를 좋아해서 '맥주도 마시면서 책을 볼 수 있는 책방이 있다면 최고인데'라는 저희의 욕망에서 태어났습니다. 맥주를 마시면 이벤트 출연자도 목을 축일 수 있으며 손님끼리의 커뮤니케이션도 원활해지고, 책도 많이 팔릴 것으로 생각했습니다. 또한, 'B&B=BOOK&BEER=맥주를 마실 수 있는 책방'이라는 것 자체가 알기 쉽고 신선해서 쉽게 기억할 수 있고, 미디어에서 쉽게 거론할 수 있을 거라는 목적도 있었습니다. 계산대 옆에 생맥주 서버가 있어서 자리에 앉아서 마실 수도 있고, 책장을 구경하면서 마실 수도 있습니다. 물론 음식업 허가를 받고 제공하고 있습니다.

이 아이디어도 '책에 흘리면 어떻게 하려고?'라든가 '가게에서 술에 취해 무슨 일을 할지 알 수 없다'라는 이야기를 자주 들었습니다. 저희는 당연히 해보기 전까지는 어떻게 될지 알 수 없었습니다. 그렇지만 카페를 겸하고 있는 서점도 많이 있으니 우선은 도전해 보자며 시작했습니다.

1년 이상 영업한 지금, 가게 안에서 맥주를 흘려 책을 못 쓰게 만든 적은 몇 번 정도로 한 달에 한 번꼴도 안 됩니다. 술에 취해 곤란했던 적도 거의 없습니다. 이것은 아마도 공간이 만드는 분위기도 작용하는 것 같습니다. 책장의 거리는 넉넉히 배치되어 있어서 사람들이 스쳐 지나가며 부딪히지도 않고, 조용한 음악이 흐르는 정연한 공간에서 일부러 흔들흔들 술에 취할 때까지 마시는 사람은 없습니다. 술을 마시는 것이 목적인 사람은 술집과 바에 갑니다. 이벤트 때에는 출연자들은 마음껏 술을 마실 수 있으므로 평소라면 하지 않을 이야기도 무심코 떠들며 분위기를 살리리라는 것도 예상 그대로였습니다. 손님보다 오히려 출연자가 술에 취하는 쪽이 많을 정도입니다. 맥주 맛에도 신경 써서 품질관리에는 관심을 기울이고 있습니다. 맥주뿐만 아니라 레드 와인과 화이트 와인, 소프트 드링크도 준비하고 있으며 특히 커피콩은 나카메구로의 카페 퍼슨에 B&B 오리지널로 블렌딩을 부탁해서 받았습니다. 맥주와 커피라면 아무거나 괜찮다고 생각하지 않은 것은 이것도 B&B의 중요한 수익원이기 때문입니다. 책방의 부업이라고 생각하고 처음에는 맛을 기대하지 않는 경우가 많습니다. 역으로 기회입니다. 한 입 마셨을 때 맛있으면 '책방인데 맥주가 맛있네', '맛있는 커피가 나와'라고 화제를 모을 수 있습니다. 바와 카페는 '맛있는 게 당연하지'라서 손님을 만족하게 하려면 힘들지만, 책방에서는 맥주와 커피를 내는

오후부터 맥주를 마시면서 책을 고른다.

것 자체가 적으니까 '맛있는 것'을 제공하면 더욱더 가치가 올라갑니다. 이른바 기대치가 낮으면 이득입니다.

또 한 가지 B&B에서는 가구도 팝니다. 책장도 책상도 의자도 조명도 모두 북유럽 빈티지 가구를 집기로 사용하면서 판매하고 있습니다. 메구로의 가구 가게 'KONTRAST'의 것으로 B&B는 책방이면서 동시에 'KONTRAST koncept'라는 이름의 지점입니다. 특히 빈티지 책장은 이 정도로 많은 종류를 비교 검토할 수 있는 장소는 도쿄에도 몇 곳밖에 없을 것입니다. 가구 가게와는 달리 실제로 책을 넣어 사용하고 있으므로 구매 후에 자택에 놓았을 때의 사용 이미지도 알기 쉽습니다. 'KONTRAST'는 빈티지 가구의 수리를 자랑으로 여기고 있으므로 사용하면서 생긴 작은 상처 등도 수리를 부탁하면 아름답게 되살아납니다.

책장과 평대가 팔리면 배송일 전날 폐점 후에 책을 옮겨서 비우고 당일 개점 전에 운반하는 동시에 새로운 책장과 평대를 납품받아서 개점 시간까지 책을 진열합니다. 이 작업도 보통 신간 서점에는 없는 일이므로 물론 힘듭니다. 모두 현재 파는 물건의 하나이므로 대신 들여온 새로운 책장은 수납할 수 있는 책 권수가 다릅니다. 책장에 책이 다 안 들어가 넘치거나 반대로 숭숭 비기도 하므로 그에 맞는 진열을 생각해야 합니다. 그러나 책장이 하나 변한 것만으로 가게 안의 분위기도 싹 바뀌고 진열된 책도 같은 물건인데도 마치 다른 책을 진열한 것처럼 몰라볼 정도입니다. 위탁 판매이므로 오픈 때의 집기 비용을 절감할 수 있다는 이점도 있으며 팔리면 매상도 높아집니다. 힘든 만큼 장점도 많으므로 가구를 취급하는 것 또한 B&B의 '책방'의 일 중에 하나라고 할 수 있습니다.

앞으로 신간 서점은
'곱셈'

지금까지 설명한 이벤트, 맥주, 가구의 공통점은 신간 서점이 종이책을 파는 비즈니스에 상승효과가 있는 다른 비즈니스를 조합해서 수익원을 여러 개 확보한다는 것입니다.

원래 저희는 이벤트 공간을 운영하고 싶지도 술집이 하고 싶지도 가구 가게를 하고 싶지도 않았습니다. 또한, 자주 '헌책은 팔지 않나요?'라고 묻지만, 지금까지 일시적인 기획을 제외하고 본격적으로 할 생각은 없습니다. 언젠가 '헌책을 취급하면 신품 책이 보다 팔릴지도 몰라'라는 생각에 이른다면 할 수도 있겠지만, 어디까지나 앞으로도 계속 꾸려나갈 수 있는 신간 서점의 모델을 만들기 위해 그야말로 여러 가지 시험을 하고 있습니다.

'신간 서점을 하고 싶다'며 중개인에게 상담하러 갔을 때, 다른 업종에서 신규로 들어오는 사람은 몇 년 만이라고 했습니다. 물론 새로운 서점은 매년 개점하고 있지만, 기본적으로는 대형서점의 체인 지점이거나 기존 서점의 다른 브랜드입니다. 신규 참여자가 전혀 없다는 것은 유감스럽지만 이대로는 업계가 끝에 가까워졌다고 말할 수 있습니다.

쇠퇴한 상점 거리의 작은 신간 서점에서 손님이 그다지 오지 않는데도 계속하고 있다면 가족이 경영하면서 땅과 건물이 모두 본인 소유의 것인 경우가 대부분입니다. 그리고 앞에서 말했듯이 일본 전국 어디에서도 살 수 있는 것을 어디에서나 같은 가격으로 팔지 않으면 안 되므로 보통 소매점과 비교하면 노력할 여지가 적습니다. 경영이 힘들어지면 대개 책을 선택하고 진열하는 데 공을 들여 손님을 늘리려는 여유는 사라지고 오히려 인건비를 내리고 반품을 늘려서 당장 상황을 피하려고 합니다. 결과적으로는 점점 상품 구성이 빈약해진다는 악순환에 빠집니다. 지금 신간 서점이라는 비즈니스는 대형 체인 규모이든지, 아니면 상당히 좋은 조건이 갖추어지지 않는 한 매우 하기 힘듭니다.

그러한 전제를 생각하면서 만약 지금 상당히 조건을 잘 갖추고 잘해 나간다고 해도 앞으로도 계속 종이책만을 팔겠다고 생각하는 것은 대책이 아닙니다. 앞으로의 신간 서점이 살아남기 위해서는 책과 상승효과가 있는 몇 가지의 비즈니스를 조합해서 수익원을 여러 개 확보하는 '곱셈 계산'이 가장 좋으며 거의 유일한 방법입니다.

B&B의 오리지널 생각은 아닙니다. 실제로 '노는 책방'을 콘셉트로 전국 체인이 된 '빌리지 뱅가드'는 '책방×잡화'이며, 'SHIBUYA PUBLISHING BOOKSELLERS'는 가게 이름부터 '책방×출판'입니다. 'NADiff'는

자회사로 '책방×갤러리'를 하면서 미술관 내에만 지점
으로 책방을 내고 있습니다.

혹은 와카야마 현의 야마오쿠, 주민이 1,000명인
마을에는 '이하라 하트숍' 같은 주민의 필요에 맞춰 문
구용품과 생활 잡화부터 소금과 레토르트 카레까지 갖
춘 '책방×무엇이든지', 이른바 '거리의 무엇이든지 파
는 가게'의 목적으로 책방을 하는 것도 가능합니다. 이
러한 생각은 반드시 시골에서만 성립한다고 한정할 수
없습니다. 예를 들면, 시모기타자와에는 큰 전기 가게
가 없으므로 시모기타자와의 산세이도 서점과 빌리지
뱅가드에서는 자주 '프린트 잉크 없나요?'라는 질문을
받는 것 같습니다. 지금은 양쪽 가게 모두 취급하지 않
지만, 실제로 빌리지 뱅가드에서는 그런 문의를 계기로
커튼 봉과 발판을 취급하기 시작해서 지금도 꾸준히 팔
리고 있다고 합니다.

'책방은 미디어'가
된다

B&B는 '책방×이벤트×가구'입니다. 매일 재미있는 이벤트를 개최하고 맛있는 맥주를 제공하고 아름다운 가구를 판매하면서 상승효과로 책도 파는 동시에 책 이외의 것들로 얻는 이익을 활용해서 그만큼 책을 갖추는데 신경을 써서 점점 좋은 책방이 됩니다. 그렇게 해서 좋은 순환 고리를 만들고 싶다고 생각하고 실천하고 있습니다. 오픈 이후로 취재 의뢰를 많이 받았으며 멀리 있는 분에게도 알려지고 이벤트 참가 요청도 늘어나 그와 함께 책 매상도 올라갔습니다.

발신력이 높아지면서 가게 자체가 '미디어'가 되었습니다. 예를 들면 아이스크림 하겐다즈 재팬과는 일정

기간 '감미'를 테마로 선택한 책과 아이스크림 케이스를 함께 진열했습니다. 이벤트 첫 날에는 그 중에서 한 권으로 선택한 작가 가와가미 미에코 씨를 불러서 토크쇼를 열고, 기간에 1,500엔 이상 책을 구매하신 분에게 아이스크림을 선물한다는 콜라보레이션 기획이었습니다. 앞에서 매일 이벤트는 '30일분, 30페이지의 월간지를 편집하는 것'이라고 했지만, B&B가 '월간지'라면 이 하겐다즈와의 기획은 '광고'가 아니라 B&B에 의한 편집이 들어가 있습니다. 말하자면 '기획 광고'에 가까운 서로에게 가치 있는 기획이었습니다.

그밖에도 텔레비전과 잡지 촬영 장소로 사용한다든가, 가게가 오픈하지 않는 오전 중의 시간을 사용해 영어 회화 교실을 개최한다든가 이쪽에서 생각하지도 못한 의뢰를 상대방에게 제안받기도 합니다. 처음에는 생각지도 못한 의뢰였던 이야기도 함께 기획을 진행하면서 B&B의 새로운 판매 상품 중 하나가 되었습니다.

이제 1년 반 정도 영업했지만, B&B는 지금 흑자 경영입니다. 물론 B&B와 똑같은 책방이 어느 장소에서도 성립된다고는 할 수 없습니다. 그러나 적어도 책과 상승효과가 있는 여러 개의 수익원을 확보하는 방법은 어느 장소에서도 만들 수 있습니다. 그렇게 조금이라도 책장 만들기에 힘을 쓸 여력이 생겨서 개성적인 책방이 각지에 생겨나면 좋겠습니다.

원래 옛날부터 '책방은 미디어다'라고 말했습니다. 신간 서점은 전국 방방곡곡에 널리 퍼져 있어서, 여러 사람이 자유롭게 출입했습니다. 그 일각에 책이 진열된 것만으로 정보 발신이 된다면 책으로 구성된 신간 서점의 평대를 보기만 해도 세상 조류를 알 수 있습니다. 신간 서점은 태어날 때부터 미디어의 성격을 지니고 있습니다.

저희는 B&B를 통해서 '책방은 미디어'라는 전제를 앞세워 진심으로 운영하면 무슨 일이 가능한가를 실험

하는 도중입니다. 신간 서점이 좀 더 할 수 있는 것은 없
을까? 앞에서 나라 씨는 책방은 '매개자'라고 말했습니
다. 하나의 거리에서 정보와 지적 호기심의 매개자가 되
는 것이고, 책을 파는 것과 상승효과를 낳으며 가능한 것
을 생각하면서 매일 일하고 있습니다.

'책이 있는 생활'을 위한
도구를 만들자

한편으로 책 판매만 해 온 신간 서점을 갑자기 새롭게 복합적인 업태로 바꾼다는 것은 그만큼 장애물이 많습니다. 많은 서점이 이익률을 조금이라도 개선하기 위해서 책보다 이익률이 높은 잡화 등을 들여와 같이 팝니다. 그러나 실제로 많은 서점 직원이 잡화를 잘 모르기 때문에 직접 선택해서 들여오지 않고 대개 영업자가 권하는 잡화를 시험 삼아 들여온 것이 많습니다. 의미 없이 상품이 진열되어 있으므로 그다지 매력적으로 보이지 않는 매장이 유감스럽지만 자주 보입니다.

그렇다고 모든 서점이 확실히 자신의 의지를 갖고 잡화를 들여오는 것은 매우 어려운 일입니다. 어떤 서점에서 팔아도 시너지 효과가 있고, 가볍게 시작해서 책보다 수익률이 높고, 패키지의 통일감도 있고 디자인적으로도 우수한 상품이 있을 것이라 계속 생각했습니다. 그러던 중에 디스크유니온이라는 회사와 만나서 함께 만든 것이 독서 용품 브랜드 'BIBLIOPHILIC'입니다.

계기는 디스크 유니온의 히로하타 마사히코 사장의 '음악에는 음악 액세서리라는 카테고리가 있지만, 책에는 없잖아요'라는 한마디였습니다. 디스크 유니온은 CD와 레코드를 보호하는 주머니를 비롯하여 각종 클리너와 전용 선반과 골판지 상자, 휴대용 가방과 케이스 등을 판매하여 음악 애호가에게 사랑받고 있습니다. 히로하타 사장은 미국에 'Tools for Serious Readers'를 콘셉트로 한 'LEVENGER'라는 독서용품 브랜드가 있다는 것을 알려주었습니다.

원래 서점에 다른 상품이 있어야 한다고 생각했던 저는 바로 히로하타 사장과 의기투합해서 기획서를 정리해 BIBLIOPHILIC 브랜드 제안을 했습니다.

디스크 유니온이라는 회사는 음악 레벨부터 오디오 판매까지 음악에 관련된 여러 가지 사업에 손을 대고 있지만, 중심 사업은 중고 CD와 레코드 판매입니다. 이른바 음원시장 시대가 되어도 CD와 레코드라는 제품을 사랑해서 구매하여 수집하는 열렬한 음악 애호가를 상대로 비즈니스를 펼치면서 레코드를 보호하는 주머니 등 액세서리 수요에도 눈길을 돌려 취급하고 있습니다.

앞으로 종이책의 '제품성(프로덕트성)'이 보다 좋아질 것이라는 것을 제3장에서 언급했습니다. 책과 음악이 완전히 같은 길을 간다고는 할 수 없지만, 전자책 시대가 되어 반동적으로 종이책의 '제품성'은 주목받고 있습니다. 그렇게 되면 CD와 레코드와 비슷한 종이책을 보호하고 수납하기 위한 도구, 혹은 가지고 다니며 여러모로 즐길 수 있는 도구도 더욱 주목받을 것으로 생각했습니다.

'BIBLIOPHILIC'의 상품 2012년에는 세계3대 디자인상의 하나인 'red award'를 수상했다.

'BIBLIOPHILIC'은 '책이 있는 생활'을 즐기기 위해서 책과 사람 사이에서 각각의 역할을 하는 '도구' 브랜드입니다. 북커버와 북엔드, 책장 같은 일반적인 것부터 책을 수납할 수 있는 나무 상자, 책을 장식할 수 있는 북스탠드, 헌책방에서 책에 말아주는 것 같은 반 투명지, 도서관에서 사용하는 것 같은 보호용 필름까지 폭넓게 취급하고 있습니다.

사용해 보고 싶은
도구가 있으니까 책을 읽는다

'도구부터 갖춘다'라는 말이 있습니다. 무언가 새로운 취미 등을 시작할 때 어쨌든 그것을 위한 도구를 갖추고, 마음에 드는 도구를 사서 그 도구를 사용하고 싶어서 취미에 빠져드는 것입니다. 'BIBLIOPHILIC'이 지향하는 것은 캠핑 가기 전에 아웃도어 브랜드의 물건을 사듯이 독서라는 취미에 빠지는 과정에서 갖고 싶은 브랜드가 되는 것입니다. '이 북커버를 전차 안에서 사용하고 싶다'라는 동기로 책을 읽기 시작하는 사람이 있어도 괜찮지 않을까요? 그러한 생각으로 지금도 매일 오리지널 상품을 개발하고 있습니다.

　최근에는 'CARBON COPY READING NOTE'라는

읽으면서 마음에 드는 문장과 생각을 메모한 것들을 기록하기 위한 복사식 노트를 만들었습니다. 책에 직접 쓰거나 쓰기 좋은 책의 측면에 기록을 남기면 자신이 지금까지 읽은 것을 하나의 아카이브로 정리할 수 없습니다. 한편, 블로그와 노트 등에 기록을 남기면 아카이브는 되지만, 책장에 꽂아 놓은 책에는 기록이 남아 있지 않아 책을 꺼낼 때마다 하나하나 참조하지 않으면 안 됩니다. 그래서 진중한 독서를 위해서 이것들을 병행하여 책과 노트에 각각 같은 기록을 남길 수 있는 것을 생각했습니다. 노트는 영수증처럼 복사 용지를 사용해 노트에는 시간 순으로 아카이브가 남는 동시에 복사된 쪽은 잘라서 책의 해당 부분에 끼워 두면 나중에 책장에서 책을 꺼낼 때도 참조할 수 있습니다. 수수한 상품이지만 서점에서 파는 노트와 가장 상성이 좋아서 초보 사용자도 '이 노트 좀 재미있어 보이니 사용해 볼까'라는 생각으로 노트가 독서를 유발할 수도 있을 거라 생각합니다.

책 말고도 서점에서 팔 수 있는 것은 무엇일까?

'BIBLIOPHILIC'은 신주쿠에 직영점이 있지만, 2013년 현재 그 밖에도 전국에 몇십 개의 거래처가 있습니다. 독서 용품에 한정되지 않고 '서점의 특성을 살려서 팔 수 있는 책 이외의 것은 무엇인가?'라고 생각하면 또 많은 가능성이 있다고 생각합니다.

서점이라는 공간을 그려 보세요. 전국에 있습니다. 손님의 나이와 성별은 묻지 않습니다. 어서 오세요, 라고 인사를 해도 시끄러운 접객 등은 하지 않습니다. 누구라도 자유롭게 들어 올 수 있고 아무것도 사지 않고 돌아갈 수 있습니다. 집기 대부분은 책장입니다. 일부러 멀리에서 사람이 오는 경우는 적고 동네 손님이 많습니다. 진열된 것은 책입니다. 중개인이라고 부르는 유통업자로부터 매일 상품을 납품받습니다…… 등등, 예를 들자면 끝이 없지만, 우선은 '서점의 특성'을 가능한 한 떠올려 봅니다. 그리고 특성을 살릴 수 있는 책 이외에 것을 생각해 보는 것입니다.

그렇게 하면 산세이도 쇼텐의 '카레가 되는 책장'은 '책장에 꽂아두는 것'이고, 시모기타자와의 빌리지 뱅가드의 커튼 봉과 발판은 '동네 손님이 원하는 것'이 되고, 'BIBLIOPHILIC'은 '책과 관련이 있는 것'이니까 서점에서 팔기 쉬운 것이라는 것을 알 수 있습니다. 이러한 아이디어는 아직 얼마든지 있습니다. 지금 서점에서 일하는 사람은 새롭게 들어온 상품을, 무언가를 만드는 사람은 서점용으로 팔 수 있는 무언가를, 이런 방법으로 다시 생각해 보는 것도 좋지 않을까 합니다.

이는 많은 중개인이 이미 임하고 있는 과제라고도 생각합니다. 전국의 출판사와 서점 사이에서 물류와 금

융의 허브 기능을 해 온 중개인의 수익은 유통되는 종이 책 매상과 기본적으로 비례합니다. 매상이 내려가면 출판사가 만든 책 이외의 것을 서점에 도매하든지, 혹은 출판사가 만든 책을 서점 이외의 가게에 도매하든지, 어느 한쪽의 가능성을 먼저 생각하는 것이 자연스럽습니다.

책을 만드는 것만이
출판은 아니다

한편, 책을 출판하는 쪽도 변화의 시기를 맞았습니다. 지금까지는 기본적으로 종이책을 만들어 파는 것이 출판사의 일이었습니다. 출판사의 웹사이트는 애초에는 종이책을 선전하기 위한 것이었지만 지금은 출판사에 의한 종이 광고지 대신에 저자가 연재하는 모체로 활용하고 있습니다. 그러한 상황에서 전자책이라는 선택지가 생겼습니다. 게다가 이른바 출판업계의 외부에 거기에 포함되지 않은 여러 가지 콘텐츠와 미디어가 방대히 퍼져 있는 것은 지금까지 말 한대로 입니다. 출판은 모두의 것이 되었다고 말해도 과언이 아닙니다.

한편으로 블로그는 프로밖에는 할 수 없는 편집을

요구하고 있습니다. 이런 상황에서 출판사에서 일하던 편집자가 독립해서 지금까지의 출판사와 편집 프로덕션과는 다른 방법의 벤처 회사를 세우는 사례가 생겨났습니다. 다이아몬드사에서 이와자키 나쓰미 씨의《만약 고교야구 여자 매니저가 피터 드러커를 읽는다면》(2009, 동아일보사 2011)을 편집해서 베스트셀러로 만든 가토 사다 씨는 'cakes'라는 콘텐츠 플랫폼을, 고단샤에서《드래곤사쿠라》,《우주형제》등의 만화를 담당했던 편집자 사토시마 료헤이 씨는 '코르크'라는 출판 에이전트 회사를 세웠습니다. 둘 다 2012년의 일입니다.

각각의 시도에서 공통적인 것은 이른바 종이책과 전자책을 만드는 일뿐만 아니라 그것을 많이 파는 것만을 출구로 생각하지 않은 점을 들 수 있습니다. 어떤 형태로든 적용해서 어떻게 화제를 만들어 낼 것인가. 이벤트도 상품 개발도 광고 기획도 웹서비스 운영도 그들에게 있어서는 편집과 출판이 일부, 혹은 연장선에 있음이

틀림없습니다.

또한, 원래 '편집'이라는 것은 책뿐만 아니라 영화와 음악 등 여러 가지 창작 현장에서 사용하는 말이지만, 정보의 양이 폭발적으로 증가한 현대에서 그것을 정리해서 가치를 부여한다는 의미로 여러 분야에서 사용하고 있습니다. IT기업과 회사 마케팅 부 등에서 콘텐츠 프로듀서와 미디어 프로듀서라는 직함으로 활약하고 있는 분도 넓은 의미로 편집자라고 할 수 있으며, 실제로 출판사에 근무한 경험이 있는 분도 많이 보입니다. 선두주자라고 할 수 있는 다바타 신타로 씨의 《MEDIA MAKERS》(센젠가이기 2012년)라는 책의 띠지에는 '미디어에 놀아나지 않고 미디어로 사람을 놀아나게 하는 방법, 기업의 운명도 좌지우지하는 영향력이 생겨나는 메커니즘'이라고 적혀 있지만, 미디어의 영향력을 이해하고 기업 활동에 활용하는 다바타 씨가 말하는 '미디어 자식' 역시 넓은 의미의 '책방'이라고 생각합니다.

　　이러한 편집과 출판을 둘러싼 변화에 이 책에서는 아직 부족하지만, 보이저라는 일본에서 가장 오래 전부터 전자출판을 하고 있는 회사와 함께 'DOTPLACE'(dotplace.jp)라는 미디어를 세워 생각을 계속 이어나갈 것입니다. 변화 속에 있는 사람을 취재하고 기예의 연구자와 플레이어에게 연재를 부탁해서 매일 갱신하고 있습니다. '앞으로의 집필·편집·출판'을 콘셉트로 그것의 미래와 관련된 사람들의 허브 기능을 하여 새로운 재능이 세상에 나올 수 있는 장소가 되는 것을 목표로 하고 있습니다.

당신도
'책방'으로

지금 저의 일은 B&B와 BIBLIOPHILIC과 DOTPLACE의 세 가지를 주축으로 한 그 밖의 여러 가지 기획 프로듀스와 디렉션입니다.

저는 이 일을 본업으로 생계를 이어나가고 있지만, 본업은 별도로 갖고 있으면서 동시에 '책방'을 시작하는 사람도 앞으로 한층 더 늘어날 것입니다. 제가 처음에 시작한 '북 픽 오케스트라'도 그랬습니다. 반드시 그것 자체로는 돈을 벌 수 없어도 멋진 '책방'이 있으면 하고 생각했습니다.

최근 주목 받고 있는 '이카문고(오징어문고)'라는 유닛이 있습니다. '이카문고'는 가게도 상품도 없는 '공기 책방'입니다. 각각 본업이 따로 있는 세 명의 멤버가 자신의 책방을 하고 싶다는 생각으로 마치 책방이 있는 것처럼 추천 책을 트위터에 올리거나, 로고가 들어간 물건을 만들어 판매하고 있습니다. 그러던 중에 실제 서점에서 행사에 사용할 책 선택 의뢰를 받기도 하고, 잡지에 소개되면서 지금도 활동 폭을 넓혀가고 있습니다.

저의 최근 프로젝트로는 그래픽 디자이너와 사진가 등으로 이루어진 'NAM'이라는 팀과 협력해서 발표한 'NUMABOKFACE' 시리즈가 있습니다. 오브제의 그래픽 작품이면서 동시에 '책방'이라고 할 수 있는 것으로 2011년부터 형태를 바꿔서 몇 번 전시를 했습니다. 헌책 문고본을 사용해서 만든 얼굴 모양과 고양이 모양의 오브제를 전시하고 전시장에 '당신에 대해서 알려주세요'라는 한 가지 질문이 적힌 주문 용지를 놔둡니다. 주문자에게는 거기에 적힌 자기소개를 바탕으로 오브제에 사용한 문고본 중에서 후일, 그 사람을 이미지하면서 제가 선택한 책을 것을 배송합니다. 이 프로젝트의 특이한 점은 멋대로 책이 도착한다는 구매 체험과 책으로 만든 오브제의 압도적인 존재감입니다. 원래 NAM이 해외에서 활약한 팀인 영향도 크지만, 'NUMABOKFACE' 시리즈도 해외 아트 · 디자인계 미디어에서 다수 취재를 받아 다시 한 번 언어의 벽을 넘어선 비주얼의 힘을 재확인했습니다.

앞으로 해 보고 싶은 프로젝트도 몇 가지 소개하겠습니다. 하나는 세계에 한 권밖에 없는 책, 혹은 몇 권에서 수십 권의 한정된 책을 프로듀스하는 프로젝트입니다. 앞에서 말했듯이 앞으로 책을 파는 방법은 한 권의 책을 여러 가지 버전으로 변동하듯 바꿔가는 것이라고 생각합니다. 몇백 엔인 전자책을 만드는 방법에는 이미 많은 선택지가 있지만, 수만 엔의 한정 호화본을 만드는 것은 사실 비결과 아이디어가 있는 사람이 그리 많지 않다고 생각합니다.

단지 가죽으로 장정하고 금박을 넣어 원고를 액자로 만들어 붙인 것에는 금방 질립니다. 보통 사람의 집에 원화를 장식할 장소가 있다고는 생각하지 않습니다. 정말로 팬이 갖고 싶어 하는 한정판을 만드는 것은 단순히 돈을 벌면 된다는 것이 아닌 나름의 아이디어와 축적이 필요합니다. 이것은 어느 기업과 몇 년 전부터 이야기한 것으로 여전히 이야기가 정리되지 않아서 새로운 파트너를 모집 중입니다. 이것은 제3장의 '제품으로써의 책과 데이터로써의 책을 나누어 생각한다'는 것에서 발생한 아이디어입니다.

또한, 한 가지 더 든다면 책을 위치 정보와 연계하는 서비스입니다. '세카이 카메라(세계 카메라, 증강현실을 제공하는 애플리케이션, 2014년 종료)' 같은 증강현실 세계의 멤버가 되어 책을 '두고 간다'라는 애플리케이션을 만들고 싶습니다. 어느 장소를 무대로 한 소설에서 어떤 카페에서 자신이 읽은 책까지 책을 지도상에 '두고 간다'라는

numabooks×NAM의 콜라보레이션의 'NUMABOOK-FACE'

커뮤니케이션을 할 수 있으면 여러 가지 즐거운 일이 일어나지 않을까 생각합니다. 이것은 제3장의 '책과 인터넷과의 접속에 대해서 생각한다'로부터 발생했습니다.

제3장에서 든 열 가지 생각을 활용하면 이처럼 '책방'의 아이디어는 누구라도 생각할 수 있지 않을까 합니다. 자신의 주변에서 시작된 작은 활동이라도 스스로 흥미를 갖고 계속하면 활동이 길어지면 길어질수록 조금씩 영향력을 갖게 됩니다. 개인이 서평 블로그를 한다든가, 아이들에게 그림책을 읽어 주는 것도 훌륭한 '책방' 본연의 자세 중 하나입니다. 그렇지만, '공기 책방'이라고 단언하는 '이카문고'가 많은 사람에게 재미를 주듯이 콘셉트와 아이디어를 한 번 비틀면 더욱 영향력을 갖는 '책방'의 형태로 태어날 수 있을지도 모릅니다.

개인적인 '책방' 활동을 시작하면서 처음부터 비즈니스로써 사업 계획을 세워 그것으로 생계를 이어나갈 것이라는 생각은 그다지 추천하지 않습니다. 자신에게

'책'은 무엇인가, 어째서 '매개자'가 되고 싶은가를 생각한 후에 가장 끌리는 것을 우선은 가볍게 돈은 벌지 못해도 좋다는 전제로 시작할 때 다른 누구도 하지 못한 재미있는 프로젝트가 태어날 수 있습니다.

두근두근하는 아이디어에는 사람이 따라옵니다. 사람이 모이고 주목을 받으면 나중에는 돈도 따라옵니다. 책으로 무언가를 할 때는 특히 이런 순서가 좋습니다. 제3장의 마지막에서 이야기했듯이 공공재의 측면이 크기 때문입니다. 지금까지 제가 만난 사람 중에도 부유층 개인을 위해서 책을 골라주는 콩셰르주와 책을 교육 소재로 사용한 기업을 위한 인재 육성 서비스, 기업 협찬을 모아서 아이들에게 책을 주는 서비스 등 새로운 '책방' 비즈니스를 생각해서 실현하고 있는 사람은 많이 있지만, 그러한 비즈니스를 궤도에 올려놓는 것에는 나름의 장사 재능이 필요합니다.

비즈니스를 잘하려면 확실하고 자세히 계획하는 것

이 좋다고 생각하지만, 그렇지 않다면 적어도 일본에서는 책은 싸고 어디에도 있고 게다가 대체로 간단히 만들 수 있으므로 가벼운 기분으로 작게 시작하는 것을 추천합니다. 많은 재고를 떠안고 크게 투자하지 말고 돈은 다른 일로 벌면서 자신 나름대로 작은 '책방'을 시도해 보는 것입니다. 그러한 방향에 가능성이 있습니다.

책에는
세계의 모든 것이 있다

큰 서점에 가면 많은 책이 진열되어 있습니다. 인터넷을 찾아보면 더 많은 책이 있습니다. 일반적으로 사람이 지금까지 관심을 두고 있는 모든 분야에 책이 존재합니다. 반대로 말하면 책에는 세계의 모든 것이 있습니다.

책은 거기에 적힌 것만으로 완결되는 것이 아닙니다. 말의 의미를 모두 전부 똑같이 이해하고 똑같은 생각을 하고 살아간다고 할 수 없으므로 100명이 있으면 100명분의 '읽기'가 있습니다. 책은 활자화된 것으로 멈춘 것이 아니라 읽혀서 비로소 책으로 완성되는 필자와 독자의 커뮤니케이션입니다.

작가 사사키 아타루 씨는《잘라라, 기도하는 그 손

을》(가와데쇼보 2010, 자음과모음 2012)에서 '책의 출판유통에 관련된 사람들 모두에게 말하고 싶다. 당신들은 천사적인 일에 종사하고 있다', '천사란 무엇인가. 그것은 (중략) '읽을 수 없는'것의 지극히 적은 기회이다'라고 말했습니다. 저도 그렇게 생각합니다. 그러니까 '책방'이 많이 늘어나면 좋겠다는 바람으로 이 책을 썼습니다.

《책의 역습》이라는 이 책의 제목은 베스트셀러가 된 《누가 '책'을 죽이는가》(사노 신이치, 프레지덴트샤, 2001)와 《전자책의 충격》(사사키 도시나오, 디스커버리, 2010)처럼 부정적인 말로 선동하는 제목에 반대한 것도 있습니다. 대가를 앞두고 죄스럽지만 이런 책이 사람들로부터 '책방'이라는 것을 멀어지게 만든 죄는 비교적 무겁지 않을까요. 매상이 내려가는 것을 업계와 독자의 탓으로 하고 가능한 노력과 궁리를 아무것도 하지 않고 술집에서 '출판업계는 사양 산업이야'라고 떠드는 어른들도 같은 죄입니다. 어두운 것은 당신의 미래뿐입니다. 제발

책의 미래까지 말려들게 하지 마세요.

　책은 형태를 바꿔가면서 앞으로도 저희의 인생을 풍성하게 해주는 존재로 지속될 것입니다. 오히려 그 새로운 형태가 더욱 풍성한 '읽기'를 가져다줄 수도 있을 것입니다. 아직 다 적지 못한 느낌이 가득하지만, 그러한 미래를 함께 만들어 나갈 동료가 늘어나기를 바라며 이 작은 책을 끝내려고 합니다.

　당신도 '책방'으로!

참고 문헌

Eric Steven Raymond, 『伽藍とバザール』, 光芒社, 1999年.
에릭 스티븐 레이먼드, 『성당과 시장』, 한빛미디어, 2015년.(전자책)

佐野眞一, 『だれが「本」を殺すのか』, プレジデント社, 2001年.
사노 신이치, 『누가 '책'을 죽이는가』, 프레지던트샤, 2001년.

Raymond Mungo, 『就職しないで生きるには』, 晶文社, 1981年.
레이먼드 망고, 『취직하지 않고 살려면』, 쇼분샤, 1981년.

松浦弥太郎, 『最低で最高の本屋』, DAI−X出版, 2003年.
마쓰우라 야타로 , 『최저로 최고의 책방』, DAI−X슈판, 2003년.

北尾トロ, 『ぼくはオンライン古本屋のおやじさん』, 風塵社, 2000年.
기타미 도로, 『나는 온라인 헌책방 아저씨』, 후우진샤, 2000년.

内沼晋太郎，『本の未来をつくる仕事/仕事の未来をつくる本』，朝日新聞出版，2009年.
우치누마 신타로，『책의 미래를 만드는 일/ 일의 미래를 만드는 책』，아사히신분슈판，2009년.

『TOKYO BOOK SCENE』，玄光社，2012年.
『TOKYO BOOK SCENE』，겐코우샤，2012년.

Bruno Blasselle，『本の歴史』，創元社，1998年.
브뤼노 블라셀，『책의 역사』，시공사，1999년.(절판)

柴野京子，『書棚と平台』，弘文堂，2009年.
시바노 교코，『서가와 평대』，고분도，2009년.

中川淳一郎，『ウェブはバカと暇人のもの』，光文社，2009年.
나카가와 준이치로，『웹은 바보와 한가한 사람의 것』，고분샤，2009년.

横尾忠則，『ツイター、その雑念のゴミばこ』，角川書店，2011年.
요코오 다다노리，『트위터, 그 잡념의 쓰레기통』，가쿠가와쇼텐，2011년.

南陀楼 綾繁，『一箱古本市の歩きかた』，光文社，2009年.

난다로우 아야시게, 『한 상자 헌책 시장의 발자취』, 고분샤, 2009년.

佐々木俊尚, 『電子書籍の衝撃』, ディスカヴァー・トゥエンティワン, 2010年.
사사키 도시나오, 『전자책의 충격』, 디스커버리21, 2010년.

Chris Anderson, 『MAKERS』, NHK出版, 2012年.
크리스 앤더슨, 『MAKERS』, NHK슈판, 2012년.

石橋毅史, 『本屋は死なない』, 新潮社, 2011年.
이시바시 다케후미, 『서점은 죽지 않는다』, 시대의창, 2013년.

田端信太郎, 『MEDIA MAKERS』, 宣伝会議, 2012年.
다바타 신타로, 『MEDIA MAKERS』, 센젠가이기, 2012년.

佐々木中, 『切りとれ、あの祈る手を』, 河出書房新社, 2010年.
사사키 아타루, 『잘라라, 기도하는 그 손을』, 자음과모음, 2012년

• 참고 문헌 표기 순서: 저자, 제목, 출판사, 년도
  국내에서 출판된 경우에는 국내 번역서로 표기

책의 역습

2016년 06월 15일 초판 1쇄 발행
2018년 02월 20일 초판 2쇄 발행

지은이 우치누마 신타로
옮긴이 문희언

펴낸이 정상석
기획 · 편집 문희언
디자인 여만엽
브랜드 haru(하루)
펴낸 곳 터닝포인트(www.turningpoint.co.kr)
등록번호 제2005-000285호
주소 (03991) 서울시 마포구 동교로27길 53 지남빌딩 308호
전화 (02) 332-7646
팩스 (02) 3142-7646
ISBN 978-89-94158-92-1 03300
정가 12,000원

haru(하루)는 터닝포인트의 인문·교양·에세이 임프린트입니다.

이 도서의 국립중앙도서관 출판예정도서목록(CIP)은 서지정보유통지원시스템 홈페이지(http://seoji.
nl.go.kr)와 국가자료공동목록시스템(http://www.nl.go.kr/kolisnet)에서 이용하실 수 있습니다.
(CIP제어번호: CIP2016012973)